KB081181

평생 현금이 마르지 않는 투자법

부자 아빠가
365일 수익을
실현하는
비결

평생 현금이 마르지 않는 투자법

박성현 지음

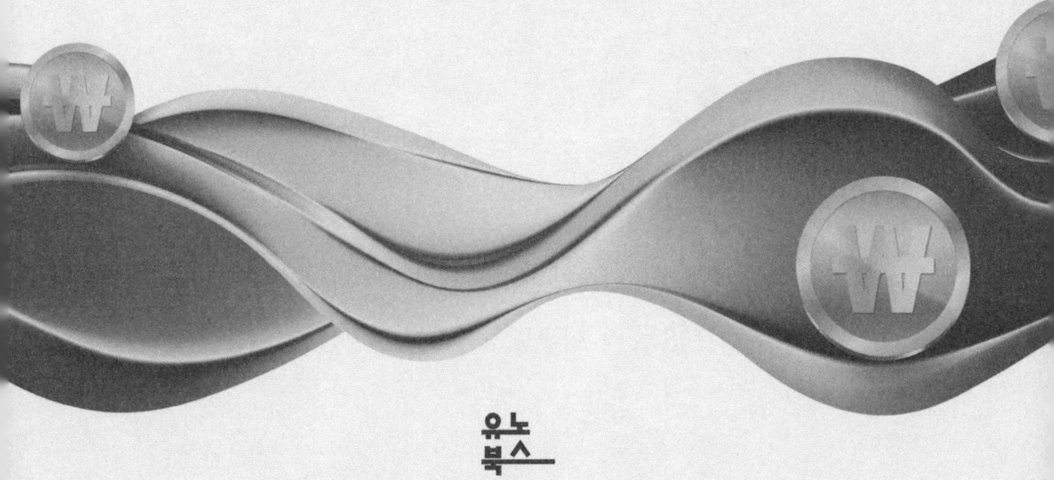

유노북스

시작하는 글

현금 흐름에 눈을 뜬 부자 아빠의 깨달음

부자 아빠의 깨달음 1
"돈이 흘러야 한다"

경제적 자유를 찾기 위해서는 크게 두 가지가 필요합니다.

첫 번째, 자산 증식.

두 번째, 현금 흐름 창출.

조기 은퇴를 하는 파이어족이 되려면 대략 10억 원이 필요하다고 합니다. 10억 원은 은퇴 후 여생을 풍족하게 먹고살 수 있을 만한 돈일까요? 파이어족은 이 돈으로 매달 생활비가 들어오는 현금 흐름을 만듭니다. 바로 돈 버는 우물입니다.

예를 들면 이 10억 원으로 4% 정도의 배당 수익이 발생되는 ETF에 분산 투자를 합니다. 그러면 세금을 제외하고 매달 300만 원 정도의 자본 소득이 들어오므로 일하지 않아도 먹고살 수 있는 현금 흐름이 만들어집니다. 그래서 대부분의 사람들은 자본 소득의 주체가 되는 자본을 만들기 위해 첫 번째 자산 증식에만 모든 역량을 총동원합니다.

제 경험상 자산을 증식하는 데는 부동산 투자가 가장 효과적이었습니다. 예전에는 열심히 벌어서 집값의 30%만 모으면 나머지 70% 이상은 대출을 받아 실거주용 집 한 채를 가질 수 있었습니다. 그것만으로도 자산이 늘어났습니다. 하지만 요즘은 이런 규모의 레버리지를 이용하기가 어려워졌습니다. 자산 증식에 가장 효과적이었던 투자 수단이 사라졌습니다. 꽤 쓸 만했던 부의 사다리 하나가 불타 없어져 버렸다는 얘기이기도 합니다.

하지만 운 좋게 부동산 투자에 성공하더라도 다음 문제에 봉착합니다. 자산을 증식하는 데 성공했지만 그 자산은 묶인 돈이기 때문입니다. 당장 그 돈을 재투자하거나 자유롭게 사용할 수 없습니다. 한마디로 그다음 스텝으로 나아가지 못하는 것입니다.

제가 바로 그런 케이스였습니다. 제가 보유하고 있던 부동산들은 값이 크게 올라서 시세 차익을 기대할 수는 있었지만 매월 임대료를 받는 수익형 부동산은 아니었습니다. 그야말로 돈이 묶여 당장 쓸 수 있는 현금이 없었습니다. 경제적 자유를 찾기 위해서는 자본 소득 등으로 생활비를 조달할 수 있어야 하는데 그것이 불가능한 상황이었던 것입니다. 그래서 저는 자산 증식 미션을 완수한 후 현금 흐름을 어떻게 창출할지 고민해야 했습니다. 많은 사람이 경제적 자유를 꿈꾸지만 대부분이 자산을 증식하는 단계까지 가는 것도 힘들기 때문에 현금 흐름 창출에 대해서는 고민조차 하지 못하는 경우가 많습니다. 저 역시도 그랬습니다.

부자 아빠의 깨달음 2
"빨리 부자가 되려면 투자 실력을 키워야 한다"

제가 경제적 자유를 찾을 수 있었던 것은 부동산값이 올랐기 때문이 아닙니다. 투자만으로 매달 현금이 들어오는 흐름을 만들어냈기 때문입니다. 일을 하지 않아도 될 정도로 말입니다. 이것은 전부 투자 실력을 키운 덕분입니다.

저는 달러 투자에 눈을 뜨면서 매달 300만 원의 자본 소득을 만들었습니다. 또한 달러 투자를 통해 투자의 메커니즘을 깨달았습니다. 이 메커니즘을 주식 투자에까지 적용해서 애초 계획보다 훨씬 빠르게 경제적 자유를 찾을 수 있었죠.

제가 달러 투자로 월 300만 원의 현금을 벌었을 때 투여한 자본금은 5,000만 원 정도였습니다. 심지어 이 돈은 전액 마이너스 통장으로 조달한 것이므로 실제로 경제적 자유를 찾기 위해 들인 자본은 '0원'이었다고 할 수 있습니다.

만약 제가 지금의 투자 실력을 사회 초년생 시절에 갖췄다면 자본을 만들기 위해 노력했던 시간을 건너뛸 수 있었을 것입니다. 매달 자본만으로 300만 원이라는 현금 수익을 얻기 위해서 10억 원의 자본금을 들여야 하는 사람이 있고, 20억 원의 자본금이 있어야 가능한 사람도 있고, 단 1억 원으로 가능한 사람도 있습니다. 이것은 모두 투자 실력에 달려 있습니다.

한정된 시간, 한정된 노동력, 한정된 월급으로는 거액의 자본금을 모으는 시기를 단축하기란 매우 어렵습니다. 하지만 투자 실력을 늘리면 이 시기를 얼마든지 단축할 수 있습니다. 예를 들어 20년 동안 10억 원을 모아 월 300만 원을 만들어 내겠다는 목표를 가진 사람이 있습니다. 그런데 이 사람이 5억 원만으로 월 300만 원을 만들어 낼 수 있는 투자 실력을 갖춘다면 20년이 아니라 10년 안에 경제적 자유를 달성할 수 있습니다.

부자 아빠의 깨달음 3
"책을 읽어라"

그렇다면 투자 실력은 어떻게 늘릴 수 있을까요? 가장 쉽고 효과적인 방법은 책을 읽는 것입니다. 처음에는 저 역시 책을 읽는다고 해서 투자 실력이 늘어날 수 있다면 세상에 부자가 아닌 사람이 어디 있겠느냐는 생각을 했었습니다. 하지만 직접 경험해 보니 그것은 사실이었습니다. 저는 약 1년 동안 투자와 재테크에 관련된 책을 100권 정도 읽었습니다. 그리고 운이 좋아야 투자로 돈을 벌 수 있다는 생각이 잘못된 것이었음을 깨달았습니다. 운은 항상 누구에게나 찾아가지만 실력을 갖춘 사람만이 운을 놓치지 않고 기회로 바꿀 수 있음을 알게 된 것입니다.

'돈이 많다고 해서 행복한 것은 아니라고 말하는 사람들은 행복할 만큼의 돈이 없어서다'라는 우스갯소리처럼 '책을 읽는다고 해서 부자가 될 수 있는 것은 아니다'라고 말하는 사람들에게는 '부자가 될 만큼 책을 읽어 봤느냐?'라고 묻고 싶습니다.

경제적 자유를 찾는 가장 빠른 길은 이렇습니다.

첫 번째, 가능한 한 빠르게 투자 자본을 모아야 합니다. (자산 증식)

두 번째, 최소한의 투자 자본으로 안정적인 수익을 발생시킬 수 있는 투자 실력을 키워야 합니다. (현금 흐름 창출)

열심히 벌고, 모으고, 절약합시다. 그리고 일하지 않고도 매달 자동적으로 현금을 벌어들일 만큼의 투자 실력을 갖기 위해 투자 공부를 병행해야 합니다.

이 책은 총 2부 6개의 장으로 구성돼 있습니다. 1부 2개의 장에서는 현금 부자가 되기 위해서 이해해야 하는 투자의 메커니즘을 소개합니다. 2부 4개의 장에서는 저의 다양한 투자 경험을 바탕으로 주식, 달러, 부동산 투자에 대한 얘기와 무자본으로도 현금 흐름을 만들어 낼 수 있는 퍼스널 브랜딩에 관한 내용을 다뤘습니다. 그리고 2부의 각 장 마지막에는 경제적 자유를 달성하기 위해 월 100만원의 현금 흐름을 만드는 법을 소개합니다.

이 책이 경제적 자유를 찾는 데 도움이 되길 바랍니다.

박성현

· 목차

1부 현금이 마르지 않는 부자의 25가지 마인드

1장 모든 투자의 목적은 최대 현금이다

2장
365일 수익을 실현하는 현금 흐름을 만든다

2부 돈이 흘러넘치는 현금 흐름 시스템 만들기

3장
미국 주식에 재투자할 수 있는 달러 시스템

4장
변동성과 배당 수익을 이용하는 주식 시스템

5장
더 좋은 자산으로 갈아타는 부동산 시스템

6장
나의 존재만으로 소득을 창출하는 퍼스널 브랜딩 시스템

1부

현금이 마르지 않는 부자의 25가지 마인드

1장

모든 투자의 목적은 최대 현금이다

돈은 최고의 노예이자 최악의 주인이다

돈 때문에 하고 싶은 일을 못했고 돈 때문에 하기 싫은 일을 억지로 했던 경험이 있다면 돈이 발목을 잡고 있는 것입니다. 한마디로 자유가 없는 상태입니다. 돈이라는 족쇄로부터 자유로워지려면 경제적 자유를 찾아야 합니다.

저 역시 대부분의 사람들처럼 돈에 얽매이는 삶을 살았습니다. 하지만 매우 중요한 사실을 깨닫고 지금은 돈으로부터 자유로워졌습니다. 소위 흙수저에 평범한 직장인이었던 제가 어떻게 경제적 자유를 찾을 수 있었을까요? 방정식을 풀려면 수학 공부를, 영어를 하려면 당연히 영어 공부를 해야 합니다. 그럼 돈을 벌려면 어떻게 해야 될까요? 마찬가지로 돈을 공부하면 됩니다.

그런데 이 돈이라는 족쇄를 찬 대부분의 사람들이 돈을 공부해야 한다는 개념조차 모르고 살고 있습니다. 예전의 저도 그랬습니다. 학교에서도 집에서도 세상 그 어디에서도 돈에 대해 가르쳐 주지 않았기 때문입니다. 돈 공부는커녕 오히려 돈 얘기를 하는 건 저속하고 바람직하지 못한 일이라고 생각하는 사람이 아직도 많습니다. 다들 마음속으로는 돈을 원하고 좋아하면서 말입니다.

돈이 많다고 해서 꼭 행복하지는 않습니다. 하지만 돈이 많으면 행복해질 가능성이 높아집니다. 이 사실에는 모두가 동의할 것입니다. 우리가 돈을 많이 벌려고 노력해야 하는 이유는 행복해질 가능성을 높이기 위해서라고 생각하면 좋겠습니다.

"돈은 최고의 노예이자 최악의 주인이다."

영국의 철학자 프랜시스 베이컨의 명언입니다. 제가 이 명언을 처음 들었을 땐 뭔가에 '땅' 하고 머리를 맞은 듯한 충격을 받았습니다. 돈 때문에 고생한 경험이 있다면 돈이 최악의 주인이라는 것 정도는 알고 있을 것입니다. 하지만 돈이 최고의 노예가 될 수도 있다는 생각은 새로웠습니다. 그때까지만 해도 전혀 해 본 적 없는 완전히 새로운 관점이었던 것입니다.

다시 한 번 강조하지만 돈으로부터 자유로워지려면 돈에 대해 알아야 합니다. 그렇다면 돈의 노예와 돈의 주인이라는 말이 각각 무엇을 의미하는지부터 이해해 봅시다.

돈의 노예와 돈의 주인의 차이

먼저 돈의 노예입니다. 돈을 벌기 위해서 아침 7시에 일어나서 출근 준비를 합니다. 지옥 같은 전철에 몸을 싣고, 출근을 하고, 상사에게 지시받은 일을 합니다. 혹은 돈을 벌기 위해서 가게 문을 열고, 청소를 하고, 재료를 손질해서 치킨을 튀깁니다. 여기서 공통적으로 들어가는 말이 있습니다. 바로 '돈을 벌기 위해서 뭔가를 한다'입니다. 돈을 벌기 위해서 하고 싶지 않은 일을 완수해야 한다면 그 사람은 돈을 위해서 일하는 돈의 노예라고 할 수 있습니다.

자, 그렇다면 반대로 돈의 주인은 어떨까요? 굳이 아침에 일어나서 출근을 하지 않아도, 누군가에게 지시받은 일을 하지 않아도 돈을 벌 수 있습니다. 마찬가지로 가게 문을 열지 않아도, 치킨을 튀기지 않아도 돈을 벌 수 있습니다.

이 대목에서 당신은 한 가지 궁금한 점이 생깁니다.

'아니 도대체 출근도 안 하고 일도 안 하는데 어떻게 돈을 벌어?'

방금 전 돈의 노예를 설명했을 땐 그들이 누군지 단번에 알아차렸을 것입니다. 출퇴근을 해서 상사의 지시를 따르는 사람은 직장인을 의미합니다. 가게 문을 열고 치킨을 튀기는 사람은 자영업자라는 것도 짐작했을 것입니다.

그런데 돈의 노예에 대해서는 이렇게 잘 알면서 돈의 주인에 대해서는 고개를 갸웃하게 됩니다. 돈을 버는 방법을 딱 절반만 알고 있다는 뜻입니다. 보통은 9시부터 6시까지 정해진 시간만큼 일을 해야 돈을 벌 수 있다고 합니다. 아니면 치킨을 튀기는 시간에 비례해서 돈을 벌 수 있다고 합니다. 치킨을 1시간 동안 튀기면 1만 원을 벌고 2시간 동안 튀기면 2만 원을 법니다. 모두 내 시간을 팔아서 돈을 버는 일입니다. 만약 치킨을 튀기지 않으면 돈도 벌 수 없습니다. 다시 말해서 내 인생의 일부를 돈으로 바꾼다고도 할 수 있습니다. 인생을 판다고 하니 약간 우울한 기분마저 듭니다.

그럼 돈의 주인은 어떨까요? 돈을 위해서 시간을 들이기는커녕 일 자체를 하지 않아도 돈이 저절로 들어옵니다. 그런 일이 뭐가 있을까요? 어렴풋하게라도 어떤 일인지 짐작될 것입니다. 왜냐하면 우리 주변에도 그런 사람이 아주 많기 때문입니다. 직장에도 가지 않고 치킨도 튀기지 않는데 부자인 사람들이 분명히 있습니다. 골프나 치러 다니는 것 같은 우리 회사 사장님이 그렇고 백수처럼 보이는 우리 가게 건물주가 그렇습니다. 반면 회사에서 월급을 받는 직장인이나 장사를 해서 돈을 버는 자영업자는 돈을 위해서 일하는 사람들입니다.

돈의 주인으로 사는 법

열심히 일하는데 돈의 노예라고 하니까 기분이 썩 좋지는 않습니다. 그런데 여기서 중요한 것은 돈이 나의 주인일 수는 있어도 사장님이나 건물주가 나의 주인은 아니라는 사실입니다. 엄밀히 따지면 우리가 사장님이나 건물주를 위해 일하는 것은 아닙니다. 그들이 주는 돈을 위해서 일하는 것이니까요. 그래서 사장님의 노예, 건물주의 노예라고 하지 않고 돈의 노예라고 말하는 것입니다.

사업가나 투자자는 돈의 주인으로 사는 대표적인 사람들입니다. 그들의 모습을 보면 그들이 돈을 위해서 무엇인가를 하는 게 아니라 돈이 그들을 위해서 무엇인가를 하고 있습니다. 그리고 그 무엇인가가 확장되면 더 많은 돈을 법니다. 재테크나 부자가 되는 방법을 소개하는 책을 읽다 보면 '지금 당장 돈의 노예에서 벗어나서 돈의 주인이 돼야 한다' 같은 얘기를 발견하곤 합니다. 당장 회사를 때려치우고 투자를 하거나 창업을 하라는 뜻입니다.

하지만 제 생각은 조금 다릅니다. 돈의 노예로 사는 것과 돈의 주인으로 사는 것이 꼭 구분되지 않는다는 말씀을 드리고 싶습니다. 돈의 노예로 사는 일은 돈의 주인이 되기 위한 과정입니다. 물론 부모에게 물려받을 재산이 많아서 일하지 않아도 되는 사람들도 있습니다. 그렇다면 그 과정을 생략할 수도 있습니다. 하지만 대부분의 사람들은 그렇지 않습니다. 그렇다면 돈의 주인이 되기 위해서 노동 소득을 얻는 시기를 반드시 거쳐야 합니다.

노동을 투입하는 것도 돈을 버는 아주 훌륭한 소득 수단입니다. 그러므로 노동 소득이든 자본 소득이든 처음부터 이 두 가지 중 어느 한 가지만 선택할 필요가 전혀 없습니다. 오히려 두 가지를 동시에 하는 것이 경제적 자유를 앞당기는 가장 효율적인 방법입니다.

시간을 돈으로 바꾸면서
돈으로 시간을 사는 방법을 찾아보세요.

이 세상에 불로 소득은 없다

'불로 소득'이라는 말이 있습니다. 직접 일하지 않고 얻는 수익을 의미합니다. 지금 일에 지쳐 있는 사람이라면 불로 소득을 상상만 해도 행복할 것입니다. 하지만 잘 따져 보면 이 세상에 불로 소득이라는 것이 존재하기는 어렵습니다. 아무것도 안 했는데 어디서 돈이 나올까요?

돈의 노예로서 돈 버는 일을 많이 해 봤다면 앞으로는 돈의 주인으로서 돈 버는 일에 도전해야 합니다. 그리고 불로 소득이라는 말은 지금부터 머릿속에서 지워 버리세요. 단언컨대 그런 소득은 세상에 없습니다. 대신 '자본 소득'이라는 말을 머릿속에 입력합시다.

자본 소득도 노동을 하지 않는다는 점에서 불로 소득이 맞기는 합니다. 하지만 우선 자본이 일을 하도록 만들어야 하므로 불로 소득을 얻어야 한다기보다는 자본을 통해 돈을 버는 자본 소득을 만들어야 한다고 생각하는 것이 좋습니다.

내가 일할 때 돈도 일하게 하라

그럼 대표적인 자본 소득에는 무엇이 있을까요? 한때 초등학생들 사이에서 장래 희망 1위에도 올랐던 선망의 직업이 있습니다. 바로 건물주입니다. 건물주가 직장에 다니거나 가게를 운영하는 형식의 노동을 하지 않는 것은 맞습니다. 하지만 자본을 투여해서 건물을 사지 않으면 월세라는 소득을 얻을 수 없습니다. 그러므로 불로 소득이 아니라 자본 소득인 셈입니다.

자본 소득이 있다면 '무자본 소득'도 있습니다. 대표적으로 회사에서 월급을 받는 직장인이 받는 소득입니다. 회사에 자본을 단 1원도 대지 않았는데 노동을 했다는 이유로 월급을 받습니다. 이것을 노동 소득이라고도 할 수 있지만 자본주의적 관점에서 보면 무자본 소득이라고도 할 수 있습니다.

사람들은 보통 자본 소득과 노동 소득을 비교할 때 건물주와 현장 노동자를 떠올립니다. 이 둘의 소득 구조를 비교하면 인생이 매우 불공평해 보일 수 있습니다. 건물주는 매일 놀고먹으면서 쉽게 큰돈을 벌고, 노동자는 한여름 더위에도 벽돌을 쌓고 철근을 나르며 땀을 뻘뻘 흘려야 돈을 받는 것 같습니다. 하지만 예시를 다르게 들어 보면 생각이 조금 바뀔 것입니다.

먼저 이제 막 부동산 투자를 시작한 사람의 자본 소득입니다. 처음에는 자본이 부족하므로 하루에 20킬로미터씩 걸어 다니면서 싸게 나온 빌라를 찾습니다. 싸게 사서 값이 오르면 되팔 생각입니다. 주로 아주 싼 지하 빌라를 사기 때문에 집을 깨끗하게 관리해 줘야 합니다. 비용을 아끼기 위해 직접 장판도 깔고 곰팡이도 제거하고 도배도 합니다. 그렇게 해서 운 좋게 되판다면 한 달 정도 고생한 값으로 200만 원에서 300만 원 정도를 얻을 수 있습니다. 부동산 투자를 한 것이니 자본 소득이 맞습니다. 하지만 집의 상태를 관리해야 하므로 약간의 노동도 필요합니다. 그리고 돈을 투자해야 하니까 돈을 잃을 리스크도 아주 큽니다.

이번엔 인기 가수의 노동 소득입니다. 행사장에 한 번 가면 5분 정도 노래를 부르고 1억 원을 받습니다. 직접 일한 대가로 돈을 받으므로 엄연한 노동 소득입니다. 게다가 무자본 소득입니다. 돈 한 푼 들이지 않기 때문에 자본을 잃을 위험 없이 큰돈을 법니다.

결국 무조건 자본 소득이 부가 가치가 높고 돈을 많이 벌 수 있다는 생각은 편견입니다. 마찬가지로 노동 소득이라고 해서 무조건 자본 소득보다 가치가 떨어지고 고되며 돈도 많이 벌 수 없는 것이 아닙니다. 직장인이든 전업 투자자이든 관계없이 돈을 얼마나 효율적으로 잘 버느냐가 중요합니다.

우리가 기억해야 할 것은 하나입니다. 지금 노동 소득을 얻고 있다면 돈 공부를 제대로 해서 자본 소득도 함께 얻어야 합니다. 나도 노동력을 투자해서 돈을 벌고, 내가 가진 돈도 나를 위해 돈을 벌어다 주도록 시스템을 구축해야 합니다. 그러면 비로소 돈으로부터 자유로워질 수 있습니다.

노동 소득과 자본 소득이
맞벌이하는 구조를 만들어 내야 합니다.

돈이 돈을 벌기 위해서는 자본이 필요하다

"회사가 전쟁터라고? 밖은 지옥이야."

드라마 〈미생〉에서 직장인들의 가슴을 후벼 판 명대사입니다. 많은 직장인이 일과 경쟁에 지쳐서 지금 당장이라도 이 전쟁터를 떠나고 싶지만 막상 회사 밖으로 나가면 더 끔찍한 지옥과 마주할 것 같은 두려움 때문에 망설이고 있습니다. 그런 의미에서 이 대사는 직장인들의 심정을 아주 잘 대변해 주는 듯합니다.

어떤 사람들은 이 두려움을 이겨 내고 용기를 내서 회사 밖으로 뛰쳐나가야만 경제적 자유를 얻을 수 있다고 얘기합니다. 하지만 저는 조금 다르게 생각합니다. 일단 당장은 내가 먹고살아야 하고, 심지어 먹여 살려야 하는 가족이 있는데 갑자기 월급이 끊기는 위험을 감수하며 직장을 그만둔다는 것은 용기를 넘어선 무모한 일이라고도 할 수 있습니다.

"최고의 노후 대비는 은퇴를 하지 않는 것이다."

이런 말도 있습니다. 만약 은퇴를 하지 않을 수 있다면 저는 투자보다 리스크가 상대적으로 낮은 노동 소득에 올인을 했을지도 모릅니다. 하지만 시간을 돈과 맞바꾸다 보면 당연하게도 내가 원하는 일을 할 수 있는 시간이 점점 줄어듭니다.

그리고 나이가 들면 팔다리에서 나오는 근력이든 머리에서 나오는 지력이든 떨어지므로 노동력의 가치가 하락할 수밖에 없습니다. 그러다 시간이 지나면 더는 가치가 낮아진 노동력을 돈으로 바꿀 수 없어 은퇴하는 것입니다.

노후 대비는 자식이 아니라 자본에게 맡겨라

그래서 우리는 자신의 노동력이 가치가 있을 때 이것을 최대한 활용해서 제대로 된 대가를 얻어 내야 합니다. 이것이 우리가 직장에서 남들보다 더 성과를 내야 하고, 장사를 하면서 옆 가게보다 더 친절하게 손님을 대해야 하는 이유입니다. 이렇게 열심히 대가를 얻다가 언젠가 내 노동력의 가치가 다하면 나 대신 돈을 벌어 줄 누군가가 필요하게 됩니다.

과연 누구일까요? 나의 자식들일까요? 어르신들은 보통 이런 말씀을 합니다.

"나 부양해 주는 건 바라지도 않아. 내 돈만 안 가져가도 내가 숨 좀 쉬며 살겠다."

우리 다음 세대는 지금보다도 훨씬 더 극심한 경쟁 사회를 살아가야 할 수도 있습니다. 아마도 부모를 부양하기는커녕 스스로 먹고살기도 힘들 것입니다. 그러므로 자식을 노후 대비의 수단으로 생각해서는 안 됩니다. 그렇다면 나 대신 돈을 벌어다 줄 누군가는 딱 하나만 남게 됩니다. 바로 돈입니다.

돈이 돈을 버는 시스템을 구축해 놓았다면 갑자기 노동 소득이 끊겨도 먹고살 수 있습니다. 그런데 돈이 돈을 버는 시스템을 마련하려면 '자본'이 필요합니다. '닭이 먼저냐 달걀이 먼저냐' 식의 말장난 같지만 헷갈릴 것도 없습니다. 돈으로 돈을 벌려면 먼저 돈이 필요합니다.

그런데 종잣돈은 내가 직접 일해서 벌 수밖에 없습니다. 바로 노동 소득으로 말입니다. 우리가 일하는 이유는 당장 오늘 먹고살기 위해서이기도 하지만, 미래에 노동 소득이 중단돼도 먹고살기 위한 대비를 하기 위해서이기도 합니다.

나의 노동력이 가치가 있을 때
돈이 돈을 버는 시스템을 만들어 둬야 합니다.

월급을
우습게 생각하지 않는다

많은 사람의 꿈이라고 할 수 있는 건물주와 평범한 직장인을 비교해 보겠습니다. 건물주는 건물을 사기 위해 큰돈을 투자해야 합니다. 그래서 큰돈을 잃을 수 있는 자본 리스크를 지니고 있습니다. 하지만 직장인은 월급을 받기 위해서 큰돈을 투자하지 않아도 됩니다. 그 대신 노동력을 제공합니다. 무자본 소득이므로 자본 리스크가 전혀 없습니다.

건물주가 만약 세입자를 찾지 못해 공실이 발생하면 소득을 얻을 수 없습니다. 하지만 일반적인 직장인이라면 안정적으로 월급을 받습니다.

건물주는 건물이 노후되면 이것을 수리하는 비용이 필요합니다. 하지만 직장인은 회사를 다니면서 예상치 못한 비용이 들지 않습니다. 오히려 직장인이라는 지위를 이용하면 금리가 낮은 신용 대출을 받아서 종잣돈을 만들 수 있습니다. 이처럼 건물주는 돈을 잃는 경험을 할 수도 있지만 직장인은 오로지 돈을 버는 경험만 하는 것입니다.

건물주가 한 달에 400만 원 정도의 수익을 얻으려면 임대 수익률이 5%라는 가정하에 10억 원 정도의 건물을 사야 합니다. 하지만 직장인은 무자본으로 400만 원의 월급을 받을 수 있습니다. 그러므로 종잣돈을 만드는 데 건물주보다 직장인이 훨씬 더 유리할 수 있는 것입니다.

당신의 월급에는 엄청난 자본이 포함돼 있다

이런 직장인이 더 효과적으로 더 많은 돈을 얻기 위해서 해야 할 일은 무엇일까요? 더 높은 연봉을 받기 위해서는 회사에서 맡은 일을 제대로 잘 처리하는 것도 중요합니다. 하지만 그 정도는 직장인이라면 누구나 다 하고 있습니다. 요즘은 열심히 일하는 사람이 너무나도 많습니다.

연봉을 높이려면 실력도 실력이지만 운도 중요합니다. 제 주변에는 자신의 팀장이 갑자기 다른 회사로 스카우트가 되는 바람에 운 좋게 남들보다 빨리 팀장이 되는 사람도 있었습니다. 반대로 아주 슬프게도 사장의 아들이 낙하산으로 입사해서 상사가 되는 경우도 있었습니다.

이런 상황과 상관없이 오로지 내 노력과 실력만으로 노동 소득을 극대화할 수 있는 방법은 하나입니다. 바로 월급의 수익률을 높이는 것입니다. 사실 많은 사람이 노동 소득이라고 굳게 믿고 있는 월급도 따지고 보면 엄청난 크기의 자본이 투여된 결과물이라고 할 수 있습니다. 유치원에서 대학교까지 교육을 받는 데 들어간 학비며 그 오랜 시간 동안의 기회비용까지, 어쨌든 자본이 없었다면 교육도 받지 못했을 테고 다양한 경험도 할 수 없었을 것입니다. 그러면 자연스럽게 지금 다니는 회사에 입사해서 노동 소득을 얻는 일도 없었을 것입니다.

만약 과거에 더 많은 자본을 투여했다면 어땠을까요? 이를테면 해외 유학을 다녀오거나 고액의 과외를 받았다면 더 좋은 회사에 가거나 더 많은 연봉을 얻는 직업을 갖게 될 수도 있었을 것입니다. 결국 노동 소득도 어느 정도의 자본이 투여된 소득입니다. 그러므로 이 세상에는 완벽한 자본 소득도 없지만 완벽한 노동 소득도 없는 셈입니다.

소득이 작을수록 절약의 효과는 크다

이미 투여된 비용은 줄이거나 늘릴 수 없습니다. 하지만 앞으로 투여할 비용은 선택할 수 있습니다. 돈을 적게 쓰는 것, 쉽게 말해 절약입니다. '저는 월급이 너무 작아서 아낄 것이 별로 없어요'라고 생각하는 사람이 많습니다. 하지만 월급이 100만 원인 사람이 10만 원을 아끼는 것과 월급이 1,000만 원인 사람이 10만 원을 아끼는 것은 다릅니다. 오히려 수익률로만 놓고 보면 소득이 작을수록 절약이 가져다주는 효과는 더 큽니다. 그리고 절약하는 습관은 자본을 마련할 때도 꼭 필요하지만 경제적 자유를 얻은 후의 일상을 지켜나가는 과정에서도 반드시 필요합니다.

부자가 됐거나 어느 정도의 경제적 자유를 달성한 사람들은 대부분 그 과정만을 얘기합니다. 경제적 자유를 찾은 이후에 그 생활을 어떻게 지켜 내고 있는지는 잘 얘기하지 않습니다. 궁금해하는 사람이 많지 않아서 그렇기도 합니다. 그런데 제가 경제적 자유를 찾고 나서 살아 보니 돈이 차고도 넘치는 부자가 되지 않는 한, 절약이라는 행위는 죽을 때까지 계속해야 하는 것이었습니다. 죽기 바로 전까지 노동을 하고 싶지 않다면 말입니다.

적게 써야 적게 벌어도 되는 것입니다. 노동 소득이 중단됐을 때 돈을 벌어들이는 자본이 많지 않거나 자본을 소득으로 만들어 내는 시스템이 신통치가 않다면 수입은 당연히 적을 수밖에 없습니다. 저 역시도 어느 정도의 자산을 일궈 굳이 노동을 하지 않아도 먹고 사는 데 큰 문제는 없지만 아직까지는 자본 소득이 돈을 막 써도 될 만큼은 아니기 때문에 여전히 아끼고 절약하는 삶을 살고 있습니다. 아주 당연하게도 일을 적게 하고 싶다면 적게 써야 된다는 애기입니다. 돈을 빨리 모으기 위해서도 절약이 필요하지만 돈을 적게 벌게 됐을 때를 대비해서라도 절약하는 습관이 필요합니다.

아껴야
잘 삽니다.

부자는 돈을 써도 돈이 늘어난다

돈으로 돈을 벌기 위해서는 돈이 필요합니다. 그 돈을 벌기 위해서는 노동 소득의 가치를 극대화해야 합니다. 그런데 노동 소득의 수익률을 높이기 위해 필요한 절약은 너무나도 지루하고 불편하기까지 합니다. 저는 절약이라는 말보다 '합리적 소비'라는 말을 더 선호합니다. 절약은 아낀다는 개념이 강하다면 합리적 소비는 효율적으로 돈을 쓴다는 개념에 더 가깝다고 할 수 있습니다.

세상에는 돈으로 살 수 있는 것이 크게 두 가지로 나뉩니다. 자산이 되는 것과 그렇지 않은 것입니다. 자산이 되는 것은 무엇일까요? 아파트나 땅 같은 부동산입니다. 주식도 마찬가지입니다. 자산이 될 수 없는 것은 옷이나 신발 같은 것들입니다. 이 두 가지를 구분하는 방법은 생각보다 간단합니다. 그것을 사는 순간 가치가 증가하는가, 아니면 하락하는가를 따져 보면 됩니다. 이런 의문을 품는 분도 계실 겁니다.

'가만히 있던 주식도 내가 사기만 하면 떨어지는데, 그럼 주식은 자산이 아닌가?'

사실 주식은 주가가 내려간 것이 곧 그 회사의 가치가 하락했다는 뜻은 아닙니다. 회사의 가치는 쉽게 변하지 않습니다. 시장이 그 회사의 가치를 판단하는 가격이 변했을 뿐입니다. 마찬가지로 가치가 올라갔다는 것이 주가가 오르거나 아파트값이 상승하는 것만을 의미하지 않습니다. 값이 오르지 않더라도 아파트를 임대하면 월세를 받을 수 있습니다. 한마디로 수익을 창출할 수 있기 때문에 아파트는 가치가 증가하는 자산입니다.

그렇다면 자동차는 어떨까요? 비싸게 샀으니까 자산이라는 생각은 버리고 앞서 든 예시와 똑같은 관점에서 생각해야 합니다. 자동차를 사고 나면 돈이 증가할까요, 돈이 줄어들까요? 기름이 떨어지면 주유를 해야 하고 차가 고장이 나면 수리도 해야 합니다. 자동차로 돈을 벌 수 없다면 자산으로 보기 어렵습니다. 하지만 다른 사람에게 돈을 받고 빌려주는 렌트카, 택배를 배송하는 화물차는 돈을 벌 수 있으므로 자산으로 볼 수 있습니다. 실제로 렌트카 회사나 택배 회사에서는 수익 창출을 목적으로 사는 차들을 자산으로 인식해서 회계 처리를 합니다. 똑같은 자동차라도 그것을 어떻게 활용하느냐에 따라서 자산도 될 수 있고 비자산도 될 수도 있다고 이해하면 됩니다.

그렇다면 소중한 돈, 그러니까 노동으로 열심히 번 그 돈을 자산에 쓰는 게 좋을까요, 아니면 비자산에 쓰는 게 좋을까요? 아주 당연하게도 더 많은 돈을 벌 수 있는 자산에 써야 부자가 되는 데 훨씬 유리합니다. 자산이 아닌 것을 사면 돈은 그냥 사라져 버릴 테니까요. 재테크의 기본은 아주 간단합니다. 자산은 모으고 비자산에 소요되는 비용은 최소화하면 됩니다.

한 달 여행 경비를 대출 이자로 바꾸다

저는 아이가 넷이 있습니다. 저는 평소에 아이들이 돈과 경제에 조금이라도 빨리 눈을 뜰 수 있도록 노력하고 있습니다. 하지만 대단한 것을 가르치지는 않습니다. 일상에서 가성비가 좋은 소비를 경험하게 하는 정도입니다. 예를 들면 짜장면을 2,000원에 파는 중국집을 찾아갑니다. 아이들이 짜장면을 맛있게 먹습니다. 그리고 짜장면의 가격이 2,000원이라는 것을 알려 줍니다. 그럼 아이들은 2,000원이라는 돈의 가치를 깨닫고 이 돈을 효율적으로 사용하는 기준이 생깁니다. 제가 짜장면을 먹으면서 계속 얘기합니다.

"이 짜장면 2,000원인데 참 맛있다."

이런 경험을 한 아이들이 1만 원짜리 장난감을 발견하면 어떤 생각을 할까요? 1만 원으로 이 장난감을 갖게 되는 기쁨이 2,000원짜리 짜장면을 맛있게 먹었을 때 느끼는 기쁨의 5배가 되는지를 생각해 볼 수 있는 것입니다. 2,000원이라는 돈의 가치를 알기 때문에 값을 비교할 수 있습니다. 하지만 돈의 가치에 대한 개념이 없다면 그저 그 장난감을 갖고 싶다는 생각만 할 것입니다. 어떤 물건을 사야 할 때 가성비가 좋은 물건을 고르는 안목을 기르는 것도 좋은 소비 습관이 될 수 있고, 그것은 절약으로 이어질 수 있습니다.

저는 돈을 잘 쓰지 않는 편입니다. 경제적 자유를 찾은 지금도 쇼핑을 별로 좋아하지 않습니다. 하지만 제가 돈을 비교적 잘 쓰는 데가 있습니다. 바로 음식과 여행입니다. 둘의 공통점은 가족을 행복하게 해 준다는 것입니다. 특히 가족 여행은 추억을 쌓기 위해 아주 많이 가는 편입니다.

그런데 경제적 자유를 찾고 나니 한 가지 딜레마가 생겼습니다. 저는 현재 직장을 다니고 있지 않습니다. 그래서 평일에도 시간이 많은데 굳이 직장 생활을 했을 때처럼 숙박비가 비싼 주말에 놀러 가는 것이 비효율적이라는 생각이 든 것입니다. 그런데 막상 평일에 여행을 가려고 하니 아이들이 학교에 빠지는 것도 하루 이틀이지 문제가 있는 겁니다.

어떻게 하면 좋을지 고민하다가, 저는 강화도에 땅을 사기로 합니다. 저희 집은 한 번 가족 여행을 가면 아이 넷, 부모님 두 분, 와이프와 저까지 총 8명이 움직여야 합니다. 그러니 숙소 비용이 만만치가 않습니다. 그런데 땅을 사면 내야 할 은행 대출 이자가 한 달에 한 번 여행을 가는 비용과 거의 비슷합니다. 같은 금액이지만 여행을 가는 데 소비되는 돈과 땅을 사서 그 이자를 부담하는 돈은 다릅니다. 후자는 자산을 보유하는 데 드는 돈이기 때문입니다.

저는 소비하는 데 드는 돈을 자산으로 바꿔 봤습니다. 들어가는 비용은 비슷하지만 땅의 가치가 상승한다면 저는 여행 경비를 절약한 것을 넘어 자산이 증가하는 결과를 얻을 수 있습니다. 그래서 저는 폐가 수준의 집이 포함된 땅을 아주 값싸게 샀습니다. 집의 상태와 인테리어는 제가 바꿀 수 있기 때문입니다. 단, 위치나 인접 도로처럼 제가 바꿀 수 없는 것은 좋아야 하므로 꼼꼼하게 살폈습니다. 제가 아주 멋지고 좋은 땅과 집을 샀다면 자산을 사는 데 소요되는 이자 비용은 더 컸을 것입니다.

저는 경제적 자유를 찾았기 때문에 시간이 아주 많았습니다. 그래서 손수 잡초를 제거하고 다 쓰러져 가는 창고를 철거하며 일종의 부동산 개발을 시작했습니다. 그리고 얼마 후, 이 척박한 땅은 아이들이 마음껏 뛰어놀 수 있는 번듯한 마당이 됐습니다. 땅을 너무나도 싸게 샀고 제가 직접 가꾼 덕분에 지금은 처음 샀을 때보다 가격이 2배 이상 상승했습니다.

계속 캠핑장으로 여행을 다녔다면 사라져 버렸을 돈을 여행할 수 있는 자산으로 바꿨더니 오히려 자산이 늘어났습니다. 처음 샀을 땐 폐가에 가까웠던 집도 청소를 하고 수리를 해서 그 가치를 높였습니다. 합리적 소비란 단순히 아끼고 절약하는 것만을 의미하지 않습니다. 자산과 비자산을 구분할 줄 알고, 이왕이면 가성비가 좋은 물건을 사고, 소비보다는 자산을 사는 데 더 관심을 갖는 능력입니다.

합리적 소비는 절약보다
더 큰 효과를 갖습니다.

티끌을 모으면 티끌, 티끌을 굴리면 산이 된다

현금을 들고 아무런 투자도 하지 않는 것은 명동 한복판에 있는 시간당 1만 원짜리 유료 주차장에 주차해 놓고 가만히 있는 것과 비슷한 일입니다. 돈이 계속 사라지는 일이라는 뜻입니다. 내가 가진 돈을 지키려면 돈 공부를 해야 합니다. 돈에 대한 지식이 모자라면 아무리 절약하고 투자해도 아무 소용이 없습니다.

재테크를 하려는 사람들은 대부분 가진 돈을 무작정 불리려고만 합니다. 하지만 제가 생각하는 재테크의 성공 비결은 돈 공부를 하는 것입니다. 어떻게 종잣돈을 빨리 만들고, 그것을 어떻게 잘 지켜서 투자와 연결시킬지 종합적으로 생각할 줄 알아야 합니다. 그러려면 돈 공부를 해야 합니다.

돈 공부를 한 사람과 하지 않은 사람은 기본적으로 돈을 불리는 것에 대한 이해가 다를 수밖에 없습니다. 예를 들어 보겠습니다. 100원을 넣으면 한 달간 매일 2배가 되는 요술 저금통과 10억 원이 있습니다. 둘 중 하나를 가질 수 있다면 여러분은 어느 것을 선택하겠습니까? 아무리 요술 저금통이라도 100원과 10억 원을 어떻게 비교하느냐며 10억 원을 선택했다면 당신은 후회할 것입니다. 날마다 2배가 되는 100원이 담긴 요술 저금통에는 30일 후에 총 537억 원이 들어 있을 테니까요.

도저히 믿을 수가 없다고요? 이것이 복리의 마법입니다. 복리는 천재 과학자 아인슈타인이 8대 불가사의라고 얘기했을 만큼 신기한 일입니다. 돈으로 돈을 버는 일, 즉 투자를 하기 위해서는 가장 기본이 되는 지식이자 무기이기도 합니다.

더하기로 모으지 말고 곱하기로 불려라

저축은 '더하기'로 돈을 모읍니다. 하지만 티끌 100개 더하기 티끌 100개는 티끌 200개일 뿐입니다. 투자는 '곱하기'로 돈을 불립니다. 여기에 복리의 마법까지 더해진다면 그야말로 태산이 될 수도 있습니다.

티끌은 모아 봤자 티끌이라는 말이 있습니다. 열심히 모아도 별로 달라질 게 없는 현실에 대한 자조 섞인 말일 것입니다. 자본가가 되려면 일단 자본이 있어야 합니다. 그런데 티끌을 모으기만 해서 자본을 만들겠다는 생각은 욕심입니다.

저는 사회 초년생 시절에는 밤 10시에 집에 가는 것이 이른 퇴근일 정도로 야근이 잦았습니다. 새벽 5시에 퇴근해 씻기만 하고 다시 출근한 적도 있었습니다. 하지만 그때 자본금을 모은 덕분에 그 돈을 불리는 투자를 시작할 수 있었고, 이제는 편하게 낮잠도 잘 수 있는 행운도 얻게 됐습니다. 스타크래프트라는 게임은 초반에 미네랄이라는 재료를 캐고 입구를 막으며 부지런히 움직여야 합니다. 그래야 게임을 이기는 데 필요한 배틀 크루저를 뽑아 낼 수 있습니다. 이것을 '초반 러쉬'라고 합니다. 인생도 스타크래프트도 '초반 러쉬'가 중요하다는 얘기입니다.

티끌로 태산을 만드는 것은 적어도 한 판에 3,600% 정도 수익을 낼 수 있는 카지노 도박으로나 가능한 일입니다. 제가 달러 투자를 할 때 0.3% 정도의 수익률에도 만족할 수 있었던 이유는 투자 원금이 300억 원에 가까웠기 때문입니다. 눈덩이를 굴리면 더 큰 눈덩이가 되지만, 티끌은 모아도 그냥 티끌일 뿐입니다.

연 3%의 수익률로 10만 원의 자본 소득을 만들기 위해서는 300만 원의 자본과 1년의 기다림이 필요합니다. 하지만 하루 이틀의 노동이면 10만 원을 바로 벌 수도 있습니다. 또한 한 달에 1만 원만 아껴도 비슷한 효과를 얻을 수 있습니다. 그러므로 자본가가 되기 위해서는 일단 유의미한 자본을 만들어 내야 합니다. 유의미한 자본은 열심히 일하고 절약하는 것으로도 가능합니다.

돈 공부를 하면 눈덩이를 만들어 굴릴 수 있게 됩니다. 투자는 작은 성공을 되도록 많이 경험해서 티끌을 눈덩이처럼 굴려 가는 것이 중요합니다. 지금은 최소 투자 단위가 1만 달러인 저 역시도 처음엔 몇 천 원의 수익에도 기뻐했고 그것이 경제적 자유로 가는 출발점이었습니다. 첫술에 배가 부를 수는 없습니다. 열심히 일하고 절약하며 작은 투자를 성공하는 경험을 쌓아 나가다 보면 티끌을 굴려 태산을 만드는 기적을 경험하게 될 것입니다.

티끌은 모아도 티끌이지만
티끌을 굴리면 산이 됩니다.

돈은
모았다고 끝이 아니다

담배를 피우면 폐암에 걸릴 위험이 크게 증가합니다. 그래서 스트레스를 풀기 위해 담배를 피우는 행위는 나중에 닥칠 더 큰 스트레스를 적립하는 일이라 할 수 있습니다.

소비도 이와 비슷한 메커니즘을 갖고 있습니다. 돈을 써서 당장의 스트레스를 해소하면 나중에 '경제적 어려움'이라는 더 큰 스트레스로 돌아옵니다. 좋은 옷, 맛있는 음식을 조금씩 참는 '작은 절약'을 꾸준히 하다 보면, 전세금이 올라 이사를 가야 하거나 나이 들어서 불편한 몸으로 생계를 이어 가야 하는 '큰 스트레스'를 막을 수 있습니다. 한 번뿐인 인생이니 즐겨 보자는 생각이 그 한 번뿐인 인생을 망칠 수도 있는 것입니다.

한국 부자 보고서에 달린 댓글에서 배운 것

제가 더 이상 회사에 가지 않아도 됐을 때 가장 먼저 한 일은 스마트폰 알람을 꺼 버린 것입니다. 매일 아침 7시에 단잠을 깨우던 듣기 싫은 알람 소리를 더 이상 듣지 않게 됐습니다. 하지만 그보다 더 행복한 것은 출근 전날 밤에 억지로 잠을 청하지 않아도 된다는 것입니다.

직장인이라면 피로가 쌓일 대로 쌓인 금요일 저녁보다 충전이 완료된 일요일 저녁이 더 피곤하고 고통스럽다는 사실에 공감할 것입니다. 다 그만한 이유가 있었습니다. 다음 날 아침에 힘들게 일어나지 않기 위해 자기 싫은 잠을 억지로 청해야 하는 건 참으로 아이러니한 일입니다. 이처럼 경제적 자유를 얻으면 그동안 당연하게 생각했던 일상들을 하나씩 돌아보게 됩니다.

지금까지 노동 소득으로 돈을 버는 데 익숙했다면 이제는 자본 소득에 눈을 떠야 합니다. 그러기 위해서는 그간의 고정 관념과 틀에 박힌 사고를 모두 새롭게 바꿔야 합니다. 부자가 되는 마음, 한마디로 부자 마인드를 가져야 합니다.

KB금융지주 경영연구소에서 매년 '한국 부자 보고서'를 발표합니다. 어느 정도의 자산이 있어야 부자로 불리는지는 누구나 궁금해할 만한 정보입니다. 저는 이 보고서를 보도한 인터넷 기사를 읽던 중 사람들이 남긴 댓글에 관심이 생겼습니다. 통계 자료는 조사 대상에 따라서 결괏값이 충분히 달라질 수 있기 때문에 일반 사람들이 이 기사를 읽고 쓴 솔직한 생각이 더 궁금했습니다. 의견들을 하나하나 살펴봤더니 '허황', '시기', '허세', '좌절' 같은 단어가 대부분이었습니다.

저는 경제적 자유를 얻는 것과 부자가 되는 것이 같은 의미라고 생각하지 않습니다. 물론 경제적 자유를 달성한 후에 더 노력한다면 부자의 반열에도 오를 수 있다고 생각합니다. 하지만 많은 사람이 그 중간 과정을 생략하고 부자의 길만을 좇습니다. 그러다 보면 부자가 되는 것이 아예 불가능하다고 생각하면서 돈 공부를 포기해 버리는 경우가 많습니다.

세상에는 벤틀리와 모닝만 있는 게 아니라 소나타나 그랜저도 있습니다. 부자가 되는 길 역시 달성 가능한 목표를 정하고 단계를 하나씩 밟아 가야 합니다. 더 이상 부자들을 질투하고 나보다 돈이 많은 동료를 시기하는 데 시간을 낭비하지 않기를 바랍니다. 그들은 질투와 시기의 대상이 아니라 배움의 대상입니다. 돈으로 돈을 벌기 위해서는 돈 공부를 해야 하고, 이 공부의 시작은 자신의 생각을 바꾸는 것입니다.

2억 원을 모으고도 패닉에 빠진 초보 투자자

유튜브 영상을 통해 10년 동안 오로지 저축만으로 2억 원이라는 큰돈을 만든 사람을 본 적이 있습니다. 결코 많지 않은 평범한 월급으로 말입니다. 그만큼 극단적인 절약을 몸소 실천하는 모습을 생생하게 보여 줬는데, 특히 사회 초년생에게 도움이 될 얘기가 많았습니다.

그러다 그분이 올린 한 영상에서 많은 투자 초보자가 공감할 만한 고민을 듣게 됐습니다. 10년이라는 짧지 않은 기간 동안 극단적으로 절약하고 저축해서 2억 원이라는 큰돈을 만드는 데 성공했지만 건강을 잃었고 앞으로는 이 돈으로 무엇을 해야 할지 고민이라는 내용이었습니다. 의외로 많은 사람이 돈을 모으는 것까지는 성공하더라도 그 돈을 어떻게 불려 나가야 할지 막막한 상황을 맞닥뜨리곤 합니다.

여전히 어떻게 투자 기회를 잡아야 하는지 고민하기는커녕 투자를 해야 하는 이유조차 모르는 분이 많습니다. 그렇게 아무런 준비 없이 자산이 모이면 사고가 정지됩니다. 뒤늦게 투자와 재테크를 알아보지만 때는 이미 늦었습니다. 투자 대상인 부동산이나 주식 등의 자산 가격은 이미 많이 상승한 후일 것이고 인플레이션을 방어하지 못한 돈의 가치는 하락했을 테니까요. 미래의 2억 원은 지금의 2억 원과는 가치가 달라져 있을 가능성이 매우 높습니다.

노동의 가치를 최대한 끌어올리고 절약을 하면서 종잣돈을 모으는 것은 매우 바람직한 일입니다. 하지만 경제와 금융, 투자에 대한 공부와 준비가 없다면 힘들게 모은 자산을 아주 쉽게 날려 버릴 수도 있습니다.

준비는 결승점이 가까워졌을 때 하는 것이 아니라
출발점에서부터 해야 합니다.

부자처럼 생각해야 부자가 된다

가까운 지인들에게 돈으로 돈 버는 방법을 알려 주면 대부분 이런 반응을 보입니다.

"지금은 돈이 없으니 나중에 돈이 생기면 해야겠어요."

앞에서 말씀드렸듯이 티끌은 모아 봤자 티끌이므로 어느 정도 종잣돈을 만들고 나서 투자를 시작하겠다는 얘기입니다. 하지만 그건 잘못된 생각입니다. 자동차 운전도 연습이 필요하고 수영도 연습이 필요한데 유독 돈으로 돈 버는 일에는 연습이 필요하다는 생각을 하지 않습니다. 운전 연습도 안 하고 8차선 고속도로 한가운데를 달린다고 생각해 보세요. 수영 연습도 하지 않고 거친 바다 한가운데에 내던져졌다고 생각하면 어떤가요? 투자 역시 미리 연습하지 않은 상태로 시작한다면 그곳이 바로 쓰레기통이 될 것입니다. 소중한 돈이 쓰레기가 될 거란 얘기입니다.

반쪽짜리 사고방식에서 벗어나라

경제적 자유를 달성하기 위해서는 얼마만큼의 돈이 있어야 할까요? 어떤 기발한 가정이나 공식이 있지 않을까 생각하는 분도 많습니다. 하지만 제가 생각하는 계산법은 그리 복잡하거나 특별하지가 않습니다. 1년의 생활비에 본인의 기대 수명을 곱하면 됩니다.

한 달에 300만 원의 생활비가 필요하다면 1년에 3,600만 원이 필요합니다. 50세부터 경제적 자유를 얻고자 하고 기대 수명이 100세라면 3,600만 원에 50년을 곱한 값이 50세까지 모아야 하는 돈입니다. 바로 18억 원입니다.

KB금융지주 경영연구소에서 발표한 '2021 한국 부자 보고서'에 따르면 금융 자산이 10억 원 이상인 사람을 부자로 칭했습니다. 이것을 상기해 보면 18억 원은 부자의 기준을 한참 넘어서는 돈입니다. 이 계산대로라면 경제적 자유를 달성한다는 것이 불가능한 일처럼 느껴질 것입니다.

하지만 돈이 돈을 만들어 내는 이른바 '현금 흐름 시스템'을 구축

할 수 있다면 얘기는 달라집니다. 연간 5% 수준의 수익을 얻을 수 있는 부동산 임대, 혹은 배당주 투자가 가능하다면 18억 원의 절반인 9억 원만으로도 경제적 자유를 이룰 수 있습니다.

경제적 자유를 찾기 위해서 필요한 것은 돈 이외에도 한 가지 더 있습니다. 돈으로 돈을 만들어 내는 '투자 기술'입니다. 투자 시스템이 '어디에 투자하는가?'라면 투자 기술은 '어떻게 투자하는가?'에 관한 것입니다. 이 기술을 갈고닦아서 연간 10%의 수익률을 낼 수 있다면 9억 원의 절반 수준인 4억 원만 있어도 경제적 자유를 누릴 수 있습니다. 안전을 추구해서 급여 소득만으로 18억 원을 만들어 낼 것인지, 혹은 투자 공부를 해 가며 4억 원을 목표로 삼을 것인지는 스스로 판단해 볼 만한 일입니다.

투자하지 않고 순수하게 급여와 저축만으로 경제적 자유를 얻겠다는 생각은 실현 가능성이 매우 희박합니다. 극단적인 예시를 들어 보겠습니다. 20세에 일을 시작해서 50세에 경제적 자유를 얻겠다는 목표를 가진 사람이 18억 원을 모으기 위해서는 한 달에 500만 원을 한 푼도 쓰지 않고 저축해야 합니다. 상식적으로 불가능한 일입니다. 그러니 저축만으로 안전하게 경제적 자유를 달성하는 방법은 없다고 생각하는 게 좋습니다.

부자처럼 생각해야 부자가 됩니다. 기존의 노동 소득만 생각하는 반쪽짜리 사고방식은 버려야 합니다. 세상을 보는 눈을 넓혀 봅시다. 경제와 밀접한 정치에도 관심을 기울여야 합니다. 부동산 정책, 금리 정책 등 정부의 경제 정책들에서 투자의 힌트를 얻을 수 있기 때문입니다.

경제적 자유를 이룬 사람들은
모두 확장된 사고방식을 갖고 있습니다.

현금 부자는 자발적으로 은퇴한다

KB금융지주 경영연구소가 발표한 '2015 한국 비은퇴 가구의 노후 준비 실태 보고서'에 따르면 노후 생활에 필요한 자금은 월평균 226만 원이라고 합니다. 이는 25~59세 전국 성인 남녀 2,906명을 대상으로 조사한 결과입니다.

제가 생각하는 은퇴 후 필요한 한 달 생활비도 이 금액과 큰 차이는 없습니다. 바로 월 300만 원입니다. 저는 300만 원이라는 돈을 매달 쓸 수 있을 만큼 자산이 모였거나, 그만한 현금 흐름을 만들었다면 은퇴해도 된다고 생각했습니다. 그리고 세상에는 비자발적인 은퇴뿐만 아니라 '자발적인 은퇴'도 있다는 것을 알게 됐습니다.

하기 싫은 일을 하지 않고도 먹고살 수 있다

비자발적인 은퇴와 자발적인 은퇴는 큰 차이가 존재합니다. 비자발적인 은퇴는 흔히 생각하는 일반적인 은퇴로, 더 이상 일을 할 수 없는 나이가 돼서 어쩔 수 없이 그만두는 것을 말합니다. 자발적인 은퇴는 조기 은퇴를 말합니다. 일하지 않아도 먹고살 수 있고, '시간'이라는 보너스가 주어져 하고 싶은 일을 하면서 살 수 있습니다.

우리 주변에는 노후 준비가 제대로 되지 않아서 은퇴 후에도 일을 해야 하는 분들이 있습니다. 물론 성취감을 얻기 위해서 일을 지속하는 분들도 있지만 대부분은 생계를 위해 일하는 것이 현실입니다. 아파트 경비원 김 씨 아저씨도, 치킨집 김 사장님도, 택시 운전을 하는 김 기사님도 한때는 잘나가는 대기업 김 부장이던 시절이 있었습니다. 반면 경제적 자유를 이룬 사람들은 저임금 노동에 시달리지 않아도 되는 것은 물론이고, 죽을 때까지 하고 싶은 일을 하면서 삶을 좀 더 자유롭게 보낼 수 있습니다.

이것이 바로 지금 당장 경제적 자유를 찾아서 떠나야 하는 이유입니다. 제가 처음에 생각했던 경제적 자유는 '일을 하지 않고도 먹고사는 데 지장이 없는 상태'였습니다. 그리고 그 목표를 달성하기 위해 고민하고 노력했습니다. 하지만 운 좋게 경제적 자유를 찾고 나니 경제적 자유에 대한 생각이 조금 달라졌습니다.

"진정한 경제적 자유는 하기 싫은 일을 하지 않고도 먹고사는 데 지장이 없는 상태에서 생긴다."

일을 하지 않고도 먹고사는 것과 하기 싫은 일을 하지 않고도 먹고사는 것은 비슷해 보이지만 미묘한 차이가 존재합니다. 노동력이 상실된 후에는 월 300만 원을 생활비로 마련하기 위해서 100% 돈이 돈을 벌게 해야 합니다. 그렇지만 현실적으로 불가능하기에 노동력을 추가로 들입니다. 노동력이 상실되기 전에 월 300만 원이라는 현금 흐름을 마련한다면 어떨까요? 하고 싶은 일을 하면서 자동으로 들어오는 현금으로 생활비를 충당하면 됩니다. 그럼 나이가 든 후에 하기 싫은 일을 억지로 하며 살지, 아니면 젊을 때부터 하고 싶은 일만 하고 살지 둘 중 하나를 선택할 수 있습니다.

자발적 은퇴를 목표로 삼아 봅시다.

현금 부자는 결국 투자를 한다

'답정너'라는 말이 있습니다. '답은 정해져 있고 너는 대답만 하면 돼'를 줄인 말이라고 합니다. 직장 생활의 끝도 답은 이미 정해져 있습니다. 바로 은퇴입니다. 어차피 하게 될 거라면 매도 빨리 맞는 게 낫듯이 빨리 은퇴하는 것도 나쁘지 않겠다는 생각이 듭니다. 하지만 문제가 있습니다. 당장 은퇴를 하면 먹고살 돈이 없습니다. 결국 은퇴는 하고 싶다고 할 수 있는 게 아닌 셈입니다. 지금도 돈이 없는데 은퇴를 한 후에 돈이 있을 확률은 얼마나 될까요?

'앞으로 계속 연봉이 오를 테니까 빨리 은퇴해도 괜찮지 않을까?'

'장사가 더 잘되면 돈이 모이지 않을까?'

막연한 기대를 해 보지만 실제로 은퇴 후에 필요한 자산을 계산해 보는 사람은 많지 않습니다. 혹시 큰 병이 발견될까 봐 두려워서 건강 검진을 미루는 것처럼 '혹시 내가 얻기 불가능할 정도로 큰돈이 필요한 건 아닐까' 하는 공포 때문입니다.

그래서 제가 대신 계산해 드려 보겠습니다. 월 생활비가 300만 원이라면 1년에 3,600만 원이 필요합니다. 60세에 은퇴를 해서 100세까지 산다면 40년 동안 먹고살 돈이 필요하고, 따라서 이때 필요한 노후 자금은 14억 4,000만 원입니다.

'1억 4,000만 원도 모으기 힘든데 14억 4,000만 원이나 있어야 한다고?'

아마도 이 얘기를 들은 여러분은 마치 의사에게 말기 암 선고를 받은 것처럼 당황스러움을 넘어 공포감마저 느낄 것입니다. 그런데 이 어마어마한 은퇴 자금을 어떻게 만들어야 하는지 안다면 그 충격은 더 커집니다. 당신이 현재 40세라면 60세까지 20년 동안 모아야 하는 돈은 1년에 7,200만 원입니다.

일반적이고 평범한 사람이라면 월급을 한 푼도 안 써도 모으기 힘든 크기의 돈입니다. 그렇다면 은퇴 자금을 만드는 것은 불가능한 일일까요? 아주 다행히도 그렇지는 않습니다. 누구든 충분히 가능합니다. 단지 문제를 풀려면 문제가 뭔지를 알아야 하는데 지금까지는 지레 겁을 먹고 문제조차 제대로 확인해 보지 않은 것이 문제였을 뿐입니다. 문제를 마주하게 된 이상 이제 남은 것은 풀기만 하면 되는 것입니다.

아주 쉬운 해결 방법은 로또에 당첨되는 것입니다. 그다음으로는 비트코인 투자로 부자가 된 프로게이머와 PC방 앞에서 우연히 마주쳐 사랑에 빠지고 결혼까지 골인하면 가능한 일이기도 합니다.

이런 방법들이 힘들다면 방법은 딱 하나만 남습니다. 바로 돈과 맞벌이를 하는 것입니다. 사실상 이것이 유일한 방법입니다. 앞에서도 계산했듯이 노동력만으로 은퇴 자금을 마련한다는 것은 불가능에 가깝습니다. 하지만 돈이 돈을 벌게 한다면 어떨까요? 불가능하지는 않은 일이 됩니다.

답정투,
답은 정해져 있고 결국은 투자입니다.

좋아하는 일로 100만 원을 벌 수 있는가?

투자로 월 300만 원을 만들어 내는 방법은 아주 간단하게 계산할 수 있습니다. 여기서 확실히 짚고 넘어가야 하는 것은 매우 안타깝게도 '아주 간단합니다'가 아니라 '아주 간단하게 계산할 수 있습니다'라는 점입니다. 지금부터 여러 가지 투자 행위를 예로 들어서 월 300만 원 만드는 법을 알아보겠습니다.

투자가 익숙하지 않은 분들을 위해 첫 번째, 가장 만만하고 쉬운 '은행 예금으로 월 300만 원 만들기'부터 설명하겠습니다. 연 이자율 약 2%의 정기 예금에 18억 원을 넣어 놓습니다. 하지만 결정적으로 18억 원이 없을 테니 패스하겠습니다.

두 번째, '부동산 투자로 월 300만 원 만들기'입니다. 연 수익률 약 3%의 12억 원짜리 건물을 사서 임대를 놓습니다. 비록 12억 원이 없어서 이 방법 역시 패스해야 하겠지만 한 가지 희망은 생겼습니다. 18억 원보다 6억 원이나 적은 돈으로 월 300만 원을 만드는 것이 가능하다는 사실을 알게 됐기 때문입니다.

세 번째, '배당주 투자로 월 300만 원 만들기'입니다. 연 수익률 약 4%의 배당주에 9억 원을 투자합니다. 9억 원 역시 현재 갖고 있을 가능성은 적지만 그래도 18억 원보다는 만들어 볼 만한 액수라는 생각이 듭니다.

네 번째, 어떤 투자든 간에 연 수익률을 10% 정도는 얻을 수 있는 투자 실력을 갖춥니다. 여기에 필요한 투자금은 3억 6,000만 원입니다. 은행 예금으로 월 300만 원을 만드는 데 필요한 자금 18억 원부터 차례로 살펴보니 3억 6,000만 원 정도는 상대적으로 별것 아니게 느껴지기도 할 것입니다.

이것이 바로 투자로 월 300만 원을 만들 수 있는 기본 구조입니다. 그런데 만약 월 300만 원 중 100만 원 정도는 자유롭게 하고 싶은 일을 하면서 만들어 낼 수 있다면 어떨까요?

당신 안에 잠든 100만 원을 꺼내라

예를 들어 바다 서핑을 좋아하는 서퍼가 여행객을 대상으로 강습을 연다면 충분히 만들 만한 돈일 수 있습니다. 글쓰기가 취미인 사람이라면 블로그를 운영하는 방법이 있겠고, 수제 맥주 마니아라면 스마트스토어에 직접 만든 맥주를 만들어 팔 수도 있습니다. 요리를 한 뒤 예쁜 접시에 플레이팅을 하고, 다른 사람들이 내 음식을 맛있게 먹는 모습을 보면서 행복을 느끼는 사람이라면 바닷가 근처에서 작은 음식점을 운영하며 살고 싶어 할 수도 있습니다. 그리고 적어도 이 일로 월 100만 원 정도는 벌 수 있을 것입니다.

소셜 미디어가 발전하면서 좋아하는 일을 하며 돈을 벌 수 있는 방법이 더 다양해졌습니다. 나만의 레시피를 블로그에 올리거나 유튜브에 소개하는 것만으로 돈을 버는 세상이 온 것입니다. 심지어 아무런 재주가 없어도 사람을 만나 얘기를 듣는 게 즐거운 사람이라면 인터뷰 영상을 만들어도 돈이 됩니다.

저는 글쓰기를 좋아합니다. 제가 쓴 글이 재미를 주든 유용한 정보가 되든 사람들에게 긍정적인 영향을 주는 것을 지켜보는 일이 즐겁습니다. 예전에는 글쓰기로 돈을 만들어 내는 일이 아주 어려웠습니다. 1년에 한 번뿐인 신춘문예에 당선돼 등단을 하거나, 운 좋게 출판사 또는 영화사 관계자의 눈에 들어야 겨우 소비될 수 있었습니다. 글을 팔아 돈을 만들어 내야 하는 작가의 입장에서는 기약 없는 노동이었던 셈입니다.

하지만 지금은 누구나 글로 돈을 벌 수 있는 시대입니다. 애드포스트를 활용하면 블로그에 글을 게시한 다음 날에 내가 쓴 글의 대가가 1원 단위로 정확하게 산출됩니다. 때가 되면 자동으로 입금까지 됩니다. 옛날에는 글쓰기라는 수단이 돈 버는 우물로써 대가는 크지만 아주 운이 좋아야 수익 실현이 가능했습니다. 하지만 지금은 대가가 작더라도 누구나 확실하게 보상을 받을 수 있는 우물로 바뀌었습니다.

이렇게 하고 싶은 일을 하면서 월 100만 원을 만들어 내는 것이 가능하다면 한 달에 투자로 만들어 내야 하는 돈은 200만 원이 되고, 필요한 투자금은 3억 6,000만 원에서 2억 4,000만 원으로 줄어듭니다. 시간이 흘러, 하고 싶어서 시작한 일의 수입이 월 100만 원에서 200만 원으로 증가한다면 1억 2,000만 원의 자금으로도 경제적 자유를 달성할 수 있다는 희망 가득한 계산이 나옵니다. 좀 더 빠르게 경제적 자유를 찾기 위해서는 돈과 맞벌이를 해야 하기도 하지만 내가 좋아하는 일과도 맞벌이를 해야 합니다.

이왕이면 내가 좋아하는 일,
즐겁게 할 수 있는 일로도 현금 흐름을 만들어 보세요.

나와 궁합이 맞는 투자를 찾아낸다

세상에는 생각보다 많은 투자 대상이 존재합니다. 언뜻 부동산이나 주식 외에는 딱히 떠오르는 게 없을 수도 있지만 이것들을 더 세세히 분류해 볼 수 있습니다. 부동산은 아파트, 상가, 빌라 등 물건의 종류로 구분할 수 있고 경매나 공매처럼 투자 방식으로도 구분할 수 있습니다. 주식은 국내 주식과 해외 주식처럼 국가로 구분할 수 있고 단기 트레이딩이나 배당주 투자처럼 수익 추구 방식에 따라 구분할 수도 있습니다. 부동산과 주식 외에도 달러나 가상 화폐, 그리고 금, 은, 구리, 원유 같은 원자재, 콩이나 밀 같은 농산물까지 돈이 되는 투자 대상은 다양하고도 무궁무진합니다.

그렇다면 이 수많은 투자 대상 중에서 내게 월 300만 원을 가져다 줄 수 있는 것은 어떻게 찾을까요? 저마다 좋아하는 것, 관심사, 능력이 다르듯 투자에도 궁합이라는 것이 존재합니다. 부동산 투자가 잘 맞는 사람도 있고 주식 투자가 잘 맞는 사람도 있습니다. 그림을 그려 봐야 그림 그리는 데 소질이 있는지, 흥미가 있는지, 돈을 벌 수 있는지를 알 수 있는 것처럼 투자 역시 직접 경험해 봐야 나와 궁합이 잘 맞는지 알 수 있겠죠.

직접 경험하거나 간접 경험하거나

저는 초보 투자자일수록 많이 경험해 보는 것을 추천합니다. 운이 99%를 차지하는 복권도 당첨이 되려면 일단 복권을 구입하는 1%의 노력이 필요합니다. 투자도 일단 실행해야 경험할 수 있습니다. 하지만 안타깝게도 투자를 제대로 경험하기 위해서는 작든 크든 비용이 발생합니다. 주식을 사고 달러를 사 봐야 어떻게 하면 잃는지, 어떻게 해야 수익을 얻는지를 알 수 있으니까요.

어떤 사람들은 이 비용이 아까워서 투자를 주저합니다. 그러고는 노동력이 다해 더 이상 일하지 못하는 상황이 오면 어쩔 수 없이 뒤늦게 아무런 준비도 없이 투자에 뛰어듭니다. 그렇게 시작한 투자가 성공할 가능성은 제로에 가깝습니다.

다행히 투자를 경험하는 비용을 줄일 수 있는 방법은 존재합니다. 바로 간접 경험부터 쌓는 것입니다. 투자 분야의 책을 읽고 강의를 듣습니다. 다양한 투자자들이 들려주는 투자 성공 사례부터 투자 실패 사례까지 하나하나 배워 나가다 보면 '잃지 않는 안전한 투자 방법'을 익힐 수 있습니다.

간접 경험이 어느 정도 쌓이면 직접 경험의 단계로 넘어가게 됩니다. 저는 '세븐 스플릿'이라는 투자 시스템을 만들어 냈습니다. 수많은 공부와 연구, 그리고 시행착오 끝에 만들어 낸 분할 매수, 분할 매도 투자 시스템입니다. 하지만 그 개념을 글과 책으로 모두 표현하기에는 한계가 있었습니다. 그래서 저는 사람들에게 이 시스템으로 어떻게 안전하게 투자하는지 직접 보여 주기로 했습니다. 저는 총 투자금 1억 원으로 어떤 종목에 얼마만큼 분할 매수를 했는지, 어떻게 분할 매도를 하며 수익을 실현했는지를 거래가 발생할 때마다 실시간으로 기록했습니다. 한마디로 저의 직접 경험을 초보 투자자들이 생생하게 간접 경험할 수 있도록 보여 준 것입니다.

하지만 이 데이터에 대한 반응은 크게 두 가지로 갈렸습니다. 어떤 사람들은 거래를 시작한 2020년 11월부터 지금까지 500건이 넘는 매수 매도 거래를 일일이 분석했고 이해가 되지 않는 거래에는 질문까지 하며 간접 경험으로 얻을 수 있는 모든 정보를 흡수해 갔습니다. 반면 어떤 사람들은 "사고파는 거래를 보여 주는 게 다인가요?"라고 말했습니다. 아마도 이런 사람들은 제가 공유한 세븐 스플릿 투자 시스템이 무엇인지조차 제대로 파악하지 않았을 것입니다. 오직 투자 종목과 관련된 고급 비밀 정보를 얻을 수 있을 거라고 생각한 것이 분명합니다.

거래 내역을 모두 공개한다는 것은 생각처럼 쉬운 일이 아닙니다. 인간이기에 실수도 하고 후회스러운 결정도 종종 하기 때문입니다. 게다가 의도치 않은 상황이 벌어지면 투자한 돈을 날리는 것은 물론 비웃음까지도 감수해야 합니다. 하지만 그것마저 간접 경험의 데이터로써 참고가 되도록 오롯이 공개했습니다. 다른 사람들도 저처럼 경제적 자유를 얻기를 바랐기 때문입니다.

나이 들어 투잡을 뛰고 싶지 않다면 투자를 해야 합니다. 그리고 선택해야 합니다. 돈을 들여 직접 투자 경험을 쌓든, 책을 읽거나 다른 투자자의 경험을 공부하며 간접 경험을 쌓든 말입니다.

직접 경험이든 간접 경험이든 좋으니
투자 공부를 시작합시다.

현금 부자가 되는 3단계

저는 평생 회사를 다니며 월급을 받을 수는 없다고 생각했습니다. 그래서 퇴사 후에 어떻게 경제적인 부분을 해결해야 할지 고민했습니다. 그러던 중 해외여행을 가기 위해 환율이 낮을 때 사 둔 달러가 환율이 올라가자 수익이 만들어지는 것을 목격했습니다. 심지어 이렇게 얻은 차익은 소득세 같은 세금도 전혀 없었습니다. 너무 신기해서 국세청에 직접 확인까지 해 봤습니다.

직장인의 월급은 내야 할 것이 훤히 다 보여서 '유리 지갑'이라고 합니다. 세금을 내는 데 익숙했던 직장인에게 세금 없는 달러 수익은 놀라운 일이었습니다. 소득이 있는 모든 곳에 세금이 있다는 말을 굳게 믿고 살았는데 예외가 있던 것입니다. 그다음부터 저는 본격적으로 달러 투자를 시작했습니다. 그리고 체계가 잡히자 만족스러운 수익도 거둘 수 있게 됐습니다.

이 과정을 통해서 노동이 아닌 돈으로 돈을 버는 방법을 깨달았습니다. 그리고 경제 분야의 책을 읽으며 자연스럽게 자본주의와 금융을 공부했습니다. 그러면서 주식 투자 역시 달러 투자와 그 메커니즘이 비슷하다는 사실도 알게 됐습니다.

1단계: 노동으로만 돈을 번다는 생각을 버린다

은퇴 후에 제가 필요하다고 생각한 돈은 1년에 약 4,000만 원이었습니다. 40세에 은퇴해서 100세까지 산다고 가정하면 필요한 은퇴자금은 4,000만 원 곱하기 60년을 해서 총 24억 원입니다. 굳이 물가 상승률까지 계산하지 않아도 조기 은퇴는 이미 불가능하다는 계산이 나옵니다.

연 2%의 정기 예금 이자로 연간 4,000만 원을 만들어 내려면 약 20억 원의 종잣돈이 필요합니다. 하지만 은행 주식에 투자한다면 연평균 4% 정도의 배당 수익을 얻을 수 있으므로 조기 은퇴에 필요한 돈은 10억 원으로 줄어듭니다.

그래서 저는 주식 투자로 연간 10% 정도의 수익을 만들 수 있다면 4억 원만으로도 경제적 자유를 얻을 수 있다고 생각했습니다. 그리고 이것을 실행에 옮겼습니다. 그 결과 저는 달러 투자와 주식 투자를 통해 경제적 자유를 찾을 수 있게 됐습니다.

경제적 자유를 찾기 위해 가장 먼저 할 일은 '돈을 벌 수 있는 수단이 노동뿐'이라는 생각을 버리는 것입니다. 저는 노동뿐만 아니라 돈으로도 돈을 벌 수 있다는 사실을 깨달은 후 책을 통해 돈으로 돈을 버는 행위, 즉 투자 공부를 시작했습니다. 하지만 투자는 위험을 동반하기 때문에 많은 연구와 고민, 그리고 노력이 필요합니다. 여기서 중요한 것은 투자라는 행위가 '운'이 아닌 '실력'으로 그 결과가 달라질 수 있다는 사실입니다. 투자 공부를 하는 것은 투자 실력을 키우는 일이고, 그 방법과 노하우는 책에 모두 나와 있습니다.

경제적 자유를 찾은 후에도 얼마간은 안정적인 월급을 받는 것보다 수입이 불안정할 수밖에 없습니다. 그래서 초반에는 월급을 받을 때보다 아끼면서 살아야 합니다. 자유를 얻지만 돈이 많이 드는 일은 하기 힘들 것입니다. 하지만 가족과 더 많은 시간을 보낼 수 있고 하고 싶은 일을 더 많이 할 수 있습니다. 가장 좋은 점은 하고 싶지 않은 일을 하지 않으며 살 수 있다는 것입니다. 제가 가장 만족하는 부분입니다.

2단계: 투자 수익률을 높이고 절약한다

파이어(FIRE, Financial Independence Retire Early)족이란 경제적 자유를 이루고 조기 은퇴를 추구하는 사람들을 의미합니다. 안타깝게도 미국의 파이어족은 대부분 고액 연봉자인 경우가 많습니다. 이들은 보통 주식과 채권에 투자해서 연간 4% 정도의 안정적인 현금 흐름을 만들고 은퇴 후 생활비를 조달하는 것을 목표로 삼습니다. 그렇기 때문에 은퇴에 필요한 자금은 평균 10억 원 정도입니다.

10억 원은 연봉이 1억 원 정도면 극단적으로 절약해서 15년 혹은 20년에 걸쳐 만들 수 있는 돈입니다. 하지만 연봉 1억 원은 평범한 직장인들에게는 말 그대로 먼 나라 얘기일 수밖에 없습니다. 심지어 이것이 사회 초년생 때부터 조기 은퇴 전까지의 평균 연봉임을 감안한다면 40세 이전에 조기 은퇴를 한다는 것은 매우 어려워 보입니다.

하지만 그럼에도 불구하고 조기 은퇴를 할 수 있는 방법이 있습니다. 저도 이 방법으로 직장을 그만두고 자유로운 일상을 누릴 수 있었습니다. 바로 투자 수익률을 높이는 방법을 찾아내는 것입니다. 연간 수익률 4%로는 10억 원의 종잣돈이 필요하지만, 연간 수익률 10%를 달성할 수 있는 투자 실력이 있다면 4억 원만 마련해도 경제적 자유를 누릴 수 있습니다.

간혹 '부동산 투자와 주식 투자 중 어떤 게 더 나을까요?'라고 물어보는 사람들이 있습니다. 이것은 마치 '여름휴가를 바다로 갈까요? 산으로 갈까요?'라고 묻는 것과 비슷합니다. 물놀이를 좋아하는 아이들을 데리고 등산을 하거나 단풍놀이를 원하는 부모님을 모시고 바다 서핑을 계획한다면 좋은 결과를 얻을 수 있을까요?

중요한 것은 나의 성향과 맞는 '돈 불리기 방법'을 찾아내는 것입니다. 그것이 투자 공부입니다. 그래서 어떤 사람은 그 위험하다는 아파트 갭 투자로 부자가 되고, 어떤 사람은 단타 트레이딩만으로 엄청난 수익률을 기록해 슈퍼 개미라고 불립니다. 이들에게는 이 방법이 본인의 투자 성향과 잘 맞았던 것입니다.

하지만 모든 일에는 기본이 있습니다. 영어를 잘하려면 알파벳부터, 요리를 잘하려면 칼질부터 시작해야 합니다. 제가 생각하는 투자의 기본은 바로 절약입니다. 절약이라는 게 워낙 지루한 과정이라 건너뛰고 싶은 마음이 간절하겠지만 기본이 잘 갖춰지지 않으면 그다음 단계로 나아가기가 어렵습니다.

절약은 단순히 돈을 아끼는 개념만이 아닙니다. 돈을 귀하게 여기는 마음가짐이자 소중하게 다루는 습관을 의미합니다. 이런 마음가짐이 있어야 함부로 위험한 곳에 투자하지 않습니다. 기본적인 책 한 권도 읽지 않고 누구누구의 말 한마디에 휩쓸려 주식을 따라 사는 행위는 절약이 몸에 밴 사람에게는 결코 허용되지 않는 일일 것입니다. 절약은 투자의 기본일 뿐만 아니라 경제적 자유를 찾아가는 여정에서 가장 중요하고 핵심적인 역할을 합니다. 부디 기본을 다지는 일에 인색하지 않기를 바랍니다.

3단계: 돈은 돈을 벌고 나는 시간을 번다고 생각한다

앞서 말했듯이 '경제적 자유를 찾았다'와 '부자가 됐다'는 말은 같은 의미가 아닙니다. 저는 일하고 싶지 않을 때는 일하지 않아도 먹고사는 데 문제가 없을 때 경제적 자유를 얻었다고 생각합니다. 그리고 저는 딱 그 정도만 달성했습니다. 돈이 남아도는 억만장자는 아니기 때문에 지금처럼 자유롭고 행복한 삶을 유지하려면 한마디로 허튼짓은 하면 안 됩니다.

저는 강화도에 땅과 집을 샀습니다. 기존에 있던 폐가를 직접 철거하고, 땅도 파고, 집을 고쳤습니다. 제가 이런 집안일을 스스로 해결하는 과정을 블로그에 올리자 "그런 일은 전문가에게 맡기고 더 많은 돈을 벌 수 있는 일을 하는 것이 경제적으로 더 효과적이지 않나요?"라는 댓글이 달렸습니다. 사실 회사에서 받는 한 달 월급 정도를 지불하면 제가 한 달이나 고생할 일을 하루 만에 끝낼 수 있었습니다. 그런데도 제가 힘든 일을 자처한 이유는 바로 자유에 대한 대가를 치르기 위해서였습니다.

사랑하는 가족과 함께하는 행복을 누리려면 물리적인 시간이 필요한데, 많은 사람에게 '시간은 곧 돈'입니다. 그러므로 시간을 얻기 위해서는 그 시간 동안 벌 수 있는 돈을 일정 부분 포기해야 합니다. 그래서 욕심을 버리지 않는 한 시간으로부터 자유로울 수는 없고 행복 또한 얻을 수 없습니다. 여기서 한 가지 다행인 점은 현금흐름 시스템을 만들어 놓은 덕분에 시간이 많아졌다는 것입니다. 이런 상황에서 할 수 있는 유일한 생산적 활동은 돈을 쓰지 않는 일입니다. 최대한 소비하지 않는 습관은 경제적 자유를 찾은 이후에도 계속 필요하기 때문입니다.

경제적 자유를 달성한 이후에도 계속해서 시간을 투입해 돈을 만들어 내려고 한다면 경제적 자유를 얻었다고 보기 어려울 것입니다. 그것은 그냥 돈이 많아서 경제적으로 여유로워졌을 뿐이지 경제적 자유를 찾은 행복한 삶과는 거리가 있습니다. 진정한 경제적 자유란 그 자유를 통해 행복을 추구할 수 있어야 합니다.

"아무것도 안 하고 싶다. 이미 아무것도 안 하고 있지만 더 격렬하게 아무것도 안 하고 싶다."

몇 년 전, 배우 유해진이 '광고인이 뽑은 최고의 광고 모델상'까지 수상할 만큼 큰 반향을 일으켰던 삼성카드의 광고 카피입니다. 회사에 가고, 장사를 하고, 사업을 하는 이 모든 활동은 돈을 얻기 위한 일들입니다. 하지만 돈을 얻기 위해 계속 시간을 쓴다면 나중에 시간을 얻고 싶을 때마다 돈을 써야 합니다. 일 평균 임대료가 5만 원인 점포에서 하루 평균 35만 원의 매출을 내는 자영업자가 하루 동안 휴식을 취한다면 총 40만 원 이상의 비용이 드는 것과 같습니다. 아무것도 하지 않는 하루 휴식의 대가가 40만 원인 것입니다.

행복은 시간으로부터 비롯됩니다. 가족과 함께 있는 시간, 바쁘지 않아도 되는 여유로운 휴식 시간, 건강을 관리하고 운동을 할 수 있는 시간에서 말입니다. 돈이 돈을 버는 일 또한 시간과 깊은 관계가 있습니다. 시간에 따른 인플레이션으로 자산의 가치가 증가하는 것이 대표적인 사례입니다. 이 시간은 '돈을 위한 시간'입니다. 그러므로 이제는 '나를 위한 시간'을 만들어야 합니다. 행복하려면 시간이 필요하고, 그 시간을 확보하기 위해서는 나를 대신해 돈을 벌어다 줄 현금 흐름 시스템이 필요합니다. 그것이 바로 투자입니다.

그러므로 투자는
행복을 위한 가장 효율적인 일입니다.

한 우물만 파면 한 우물만 갖게 된다

'가만히 앉아 건물에서 나오는 월세를 받는다.'

흔히 불로 소득이라고 합니다.

'한여름 뜨거운 태양 아래에서 벽돌을 나른다.'

노동 소득이라고 합니다.

이 둘을 비교해 보면 세상이 뭔가 크게 잘못된 것처럼 보입니다.

하지만 예시를 조금 바꿔 보면 어떨까요?

'10년 동안 열심히 아끼고 모은다. 하루에 20킬로미터씩 걸으며 어렵게 찾은 오래된 빌라를 산다. 직접 도배하고 장판도 깔고 오래된 변기까지 교체한 후 되판다.'

자본 소득이라고 합니다.

'돈 한 푼 투자하지 않고 노래 한 곡을 불렀을 뿐인데 단 몇 분 만에 수천만 원을 번다.'

무자본 소득이 분명합니다.

제대로 투자해 보지 않은 사람에게는 잘 몰라서 보이지 않을 뿐 주식 투자로 큰돈을 번 사람도 그 이면에는 종잣돈을 모으기 위한 엄청난 노동이 있었습니다. 그리고 투자에 성공하기 위해 고강도의 정신노동도 했을 것입니다.

돈 나오는 우물은 많을수록 좋다

사실 세상에는 완벽한 노동 소득도 완벽한 자본 소득도 존재하지 않습니다. 완벽한 무자본 노동 소득처럼 느껴지는 직장 생활 또한 초등학교부터 대학교, 각종 학원까지 부모님이 당신에게 자본을 투자하지 않았다면 당신은 지금의 직장을 얻지 못했을 것입니다.

저 역시 달러 투자를 처음 시작했을 땐 하루에 10시간 정도를 달러 현찰을 구하러 이 은행 저 은행 발이 닳게 돌아다니며 몸을 혹사했던 기억이 있습니다. 당시에는 아는 것이 모자랐기 때문입니다. 그때 스스로 이런 생각을 했습니다.

'이건 자본 소득일까, 아니면 노동 소득일까?'

하지만 곧 돈을 버는 것이 중요하지 그 구분은 중요하지 않다는 생각을 했더랍니다. 부동산이나 주식 투자를 할 때도 마찬가지입니다. 어떤 사람은 끼니까지 거르며 임장을 다니고 시력이 나빠질 정도로 재무제표와 기업 리포트를 읽습니다. 이런 모습을 보면 돈이 돈을 번다기보다는 사람이 돈을 버는 것처럼 느껴집니다.

그래서 자본 소득과 노동 소득 중 무엇이 좋고 나쁜지를 논쟁하는 일은 무의미합니다. 경제적 자유를 찾고 싶다면 고정 관념을 깨고 오픈 마인드를 가져야 합니다. 두 가지 소득을 모두 가지세요. 한 우물을 파면 하나의 우물만 갖게 되기 때문입니다.

1. 레버리지를 이용해 부동산에 투자한 다음 대출금을 상환한 후 주식 투자를 한다.

2. 주식 투자로 목돈을 만든 후 부동산 투자를 한다.

저에게 조언을 구하는 대다수의 사람이 1번과 2번 사이에서 갈등합니다. 제 경험에 의하면 이것은 잘못된 고민입니다. 잘못된 고민을 하면 옳은 선택도 할 수 없습니다. 대신 어떻게 하면 1번과 2번을 동시에 할 수 있을지 고민하세요. 이것이 제가 드릴 수 있는 투자의 힌트입니다. 투자는 홀과 짝 중 하나에 베팅하는 도박이 아닙니다. 두 곳에 모두 베팅해 놓고 결과가 좋은 쪽으로 나아가는 과정입니다.

'좀 더 큰 평수의 아파트로 바꿔 탈까?'
'전세를 놓고 2주택으로 갈까?'
'월세를 놓고 전세로 갈까?'
'수도권으로 옮기고 상가 점포를 살까?'

단 한 번의 선택으로 이런 고민들의 결과가 무 자르듯 단번에 나오지는 않습니다. 투자에는 무수한 기회가 열려 있다는 얘기입니다. 저는 부동산 경기가 호황일 때 수익률이 변변치 못한 주식 투자에 회의를 느끼는 사람들도 봤고, 주식 투자로 얻은 엄청난 수익률을 자랑하며 부동산 투자를 폄하하는 사람들도 봤습니다. 이제는 시야를 넓혀야 합니다. 부동산 경매도 공부해 보고 해외 주식 투자도 도전해 봐야 합니다. 한 우물만 파면 하나의 우물만 갖게 됩니다. 심지어 그 우물에는 물이 한 방울도 나오지 않을 수 있습니다.

이제부터
돈 버는 우물을 늘려 가야 합니다.

2장

365일 수익을 실현하는 현금 흐름을 만든다

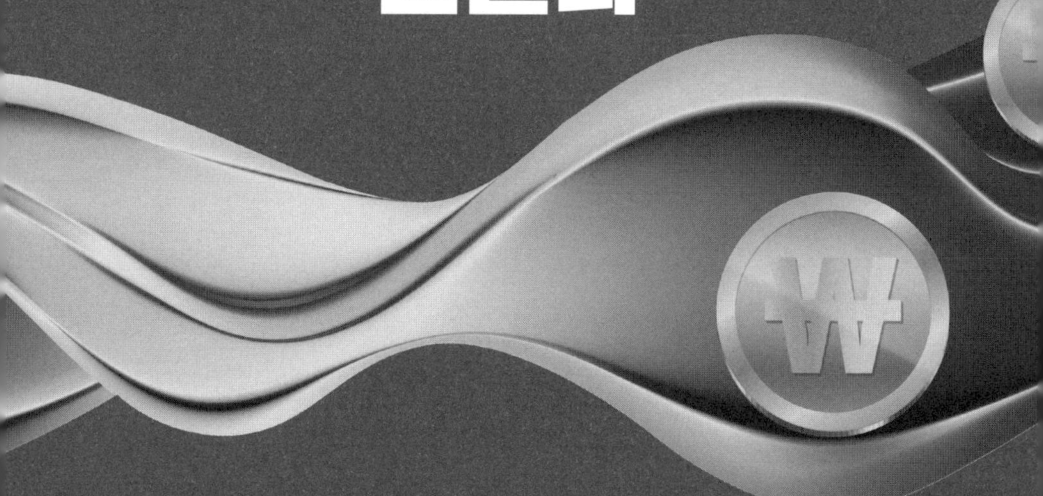

돈을 모을 때도 투자로 모은다

투자는 언제부터 시작하는 것이 좋을까요? 티끌 모아 티끌이라는 말처럼 작은 돈은 굴려 봤자 별 소용이 없습니다. 그렇다면 큰 종잣돈이 모일 때까지 기다린 뒤 투자해야 할까요? 그렇지 않습니다. 투자는 더하기 게임이 아니라 곱하기 게임이기 때문입니다. 티끌에 티끌을 더하면 티끌 2개가 되지만 티끌에 티끌을 곱하면 먼지가 되고, 모래가 되며, 급기야 산이 될 수 있습니다. 작은 돈을 굴릴 줄 알아야 큰돈도 굴릴 수 있습니다. 그렇기 때문에 돈을 모으는 과정도 투자로 하는 것이 좋습니다.

예전에는 돈을 모으는 과정을 굳이 투자로 할 필요가 없었습니다. 이자 수익률이 높았기 때문입니다. 세계 최고의 투자자 워런 버핏의 연평균 수익률이 20% 정도인데, 이것을 정기 예금만으로 달성할 수 있던 시절이 있었습니다. 하지만 지금은 금리가 현저히 낮아져서 은행 예금으로 돈을 모으는 것은 좋은 방법이 아닙니다.

아무것도 모르고 투자를 시작한다면 결과가 좋을 리 없습니다. 돈을 모으기는커녕 잃을 수도 있습니다. 투자를 통해 돈을 모으면서 잃지도 않는 안전한 방법은 없을까요? 투자 공부와 투자를 병행하면 큰돈을 효과적으로 모을 수 있고 투자 실력도 함께 키울 수 있습니다. 예전에는 일해서 번 돈을 아끼고 모아서 불리는 과정을 한 단계 한 단계 거쳤다면 이제는 모으기부터 투자 공부까지 모두 한꺼번에 해내야 합니다.

실거주용 부동산과 배당주에 투자하라

그렇다면 투자로 안전하게 돈을 모으는 방법에는 무엇이 있을까요? 첫 번째 방법은 실거주용 집을 사는 것입니다. 과거에는 집값이 싸고 대출 이자가 상대적으로 높았기 때문에 돈을 모으고 나서 집을 사는 일이 가능했습니다. 하지만 지금은 이 방법으로 집을 사는 것은 불가능에 가깝습니다. 집값이 하루가 다르게 오르고 대출 이자가 상대적으로 낮은 지금은 대출을 받아 집을 사는 것이 훨씬 효과적입니다. 집을 사는 것 자체가 투자 행위입니다. 그리고 대출 원금을 갚아 나가는 것은 돈을 모으는 과정입니다. 즉 투자로 돈을 모으는 것이 가능하다는 얘기입니다.

인플레이션은 내가 저금해 둔 돈의 가치만 떨어뜨리는 것이 아닙니다. 내가 은행에서 빌린 돈의 가치도 떨어뜨립니다. 그래서 예금보다 대출이 더 유리합니다.

두 번째 방법은 배당주에 투자하는 방법입니다. 은행의 고객이 되어 저금을 하면 이자 수익률이 1% 정도지만 은행의 주인이 되어 투자를 하면 배당 수익률은 4%가 넘습니다. 다달이 은행에 적금을 부을 돈이 있다면 똑같은 돈으로 매달 은행의 주식을 사 모으는 것이 더 효과적으로 돈을 모으는 방법입니다. 그럼 처음의 질문으로 다시 돌아가 생각해 보도록 하겠습니다.

"투자는 언제부터 시작하는 것이 좋을까요?"

제가 생각하는 답입니다.

"빠르면 빠를수록 좋다."

인플레이션으로 돈의 가치는 점점 더 떨어질 수밖에 없습니다. 따라서 현금 형태로 모으는 것이 아니라 부동산이나 주식 같은 자산의 형태로 바꿔 모으는 것이 훨씬 더 유리합니다.

"그런데 저는 부동산이든 주식이든 투자에 대해 아무것도 모르는데요?"

이런 생각이 들 수도 있습니다. 그렇지만 우리가 초중고, 대학교까지 무려 16년 동안 공부했던 과정을 생각해 보세요. 돈으로 돈을 벌기 위해서도 몇 년 정도는 공부해야 한다는 사실을 깨달아야 합니다. 투자 공부는 두 가지로 나뉩니다.

1. 작은 돈을 모아 큰돈으로 만드는 투자 공부.
2. 큰돈을 더 크게 불리는 투자 공부.

한 가지 다행인 점이 있다면 작은 돈을 모아 큰돈으로 만드는 돈 공부는 그리 어렵지 않다는 점입니다. 이제 투자를 2개의 목표로 나눠서 생각해 보기 바랍니다.

작은 돈을 큰돈으로 만들 줄 모르면
큰돈을 더 크게 불리는 것도 불가능합니다.

현금 흐름으로 자산을 키운다

어떤 일을 계획하고 실행하려면 목적과 목표가 매우 중요합니다. 100미터를 달리는 단거리 선수와 42.195킬로미터를 달리는 마라톤 선수는 서로 다른 훈련을 해야 합니다. 투자도 그 목표가 '자산 증식'인지 아니면 '현금 흐름 창출'인지에 따라 계획과 실행의 방향이 달라야 합니다.

하지만 아직 투자에 익숙하지 않은 사람들은 이 둘의 차이조차 구분하지 못하는 경우가 많습니다. 자산 증식은 마치 마라톤 경기처럼 느리지만 천천히 긴 호흡으로 접근해야 합니다. 짧은 시간 안에 큰돈을 벌어 보겠다는 생각으로 접근했다가는 도박과 다름없는 결과를 얻게 됩니다.

초보 투자자일수록 현금 흐름을 창출하라

흔히 '돈을 불린다'는 표현을 쓰는 자산 증식의 행위는 변동성이 큰 자산보다는 실거주 부동산이나 대형 우량주처럼 변동성은 낮지만 인플레이션의 영향을 받아 그 가격이 꾸준히 우상향하는 자산에 투자하는 것이 적합합니다. 또한 단기적인 차익을 노리기보다는 미래를 내다보는 안목을 발휘해야 훗날 훨씬 좋은 결과를 얻을 수 있습니다. 원하는 만큼 커질 때까지 팔지 않아도 될 만한 자산을 꾸준히 모아 가는 전략입니다.

그런데 문제는 대부분의 사람이 생각하는 투자가 이 '자산 증식'에만 집중됐다는 것입니다. 자산 증식은 오랜 시간 동안 인내해야 하므로 실제로 목표를 달성하는 사람은 매우 적습니다. 인간의 본능과 정면으로 부딪치는 일이다 보니 어쩌면 당연한 결과입니다.

자산 증식의 또 다른 표현은 장기 투자입니다. 인내심뿐만 아니라 애초부터 크고 튼튼한 나무가 될 만한 될성부른 싹을 알아볼 분석력과 통찰력, 그리고 혜안까지 갖춰야 합니다. 더욱이 그런 능력을 갖춰도 투자의 규모가 어느 정도 뒷받침되지 못한다면 남은 인생을 책임져 줄 만큼 큰 수익을 얻지는 못할 것입니다. 결국 자산을 증식하기 위해서는 투자에 대한 상당한 공부와 노력, 그리고 자금이 필요하다는 사실을 알 수 있습니다.

투자의 목표를 처음부터 자산 증식에 두는 것은 걸음마도 못 뗀 아기가 마라톤에 도전하는 꼴입니다. 한마디로 실패할 가능성이 높습니다. 물론 태어날 때부터 건강하고 튼튼한 다리를 갖고 태어난 이른바 금수저 출신은 몇 번 넘어진다고 해도 부축해서 일으켜 줄 훌륭한 부모님 덕분에 비교적 빠르게 마라톤을 완주해 내기도 합니다. 하지만 일반적이고 평범한 사람들에게는 어려운 일입니다. 그래도 방법은 있습니다. 바로 투자의 목적과 목표를 '현금 흐름 창출'에 맞추는 것입니다.

우리는 현금 흐름을 만드는 일이 매우 익숙합니다. 직장에서 일을 하고 받는 월급이 대표적인 현금 흐름이기 때문입니다. 지금까지 노동으로 만들었던 현금 흐름을 이제 자본으로 만들기만 하면 됩니다. 이것은 자산 증식의 목표보다 비교적 호흡이 빠르고 단기간에 결과를 알 수 있다는 장점이 있습니다. 그래서인지 현금 흐름을 만들기 위한 투자를 '단기 투자'로 오해하기도 합니다. 하지만 이것은 잘못된 생각입니다. 예를 들면 이렇습니다. 아파트를 사는 목적이 자산 증식, 즉 시세 차익이라면 그 결과를 얻기까지 적어도 몇 년의 시간이 소요됩니다. 보통 대출을 활용해 실거주를 하거나 전세 임대를 주고 투자금을 최소화하는 방법을 동원하는데, 만약 결과가 좋지 않다면 돈뿐만 아니라 시간도 낭비하게 됩니다.

하지만 아파트를 사는 목적이 현금 흐름, 즉 월 임대료 수익이라면 바로 다음 달에 그 결과를 알 수 있습니다. 게다가 팔지 않는다면 몇 년 후 시세 차익까지 기대할 수 있습니다. 물론 대출 이자나 인테리어 비용을 최소화해야 하고 공실이 생길 리스크를 감안해야 합니다. 하지만 결과가 잘못되더라도 바로 알 수 있기 때문에 돈은 날려도 시간은 아낄 수 있습니다.

시세 차익을 얻기 위해서는 기본적으로 많은 시간이 걸리기 때문에 장기 투자가 필수입니다. 그런데 현금 흐름을 만드는 투자도 장기 투자를 할 수 있습니다. 건물을 팔지 않고 평생 임대료 수익을 챙긴다면 이 역시 장기 투자가 됩니다. 주식 투자도 마찬가지로 자산 증식이 목적이라면 미래 성장성이 큰 주식에 투자하는 것이 적합합니다. 반면 현금 흐름 창출이 목적이라면 고배당주에 주목하는 것이 더 적합합니다. 하지만 대부분의 사람들은 자산 증식과 현금 흐름 이 두 가지 목적에 따라 투자의 방향도 달라질 수 있다는 사실을 모릅니다. 알더라도 두 마리 토끼를 다 잡으려다가 둘 다 놓치는 우를 범하기도 합니다.

그렇다면 초보 투자자는 자산 증식과 현금 흐름 창출 중 어디에 집중하는 것이 좋을까요? 저는 현금 흐름 창출을 추천합니다. 투자로 현금 흐름을 만들어 본 경험도 없이 자산 증식에만 초점을 맞춘다면 그 투자는 실패할 확률이 상당히 높습니다. 그럼에도 불구하고 많은 사람이 자산 증식을 위한 장기 투자가 바람직하다고 말하는 이유는 운 좋게 성공한 사람들과 그들의 얘기가 넘쳐 나기 때문입니다. 현금 흐름을 만들어 내는 투자는 실력 없이 운만으로는 성공시키기 어렵지만 자산 증식을 위한 장기 투자는 오로지 운만으로도 성공할 가능성이 크기 때문에 이와 같은 착시 현상이 일어나는 것입니다.

"다들 빚내서 집 사라고 하길래 별생각 없이 한강변에 아파트를 샀더니 지금은 3배가 됐습니다."

이것은 누가 봐도 실력보다는 운이 더 크게 작용한 성공담이라고 할 수 있습니다.

"지난 10년간 매출과 영업 이익이 꾸준히 증가해 온 기업들의 재무 데이터를 분석해 배당 성향이 계속 증가한 분기 배당주들을 혼합 세팅해 매월 배당금이 들어오도록 만들었습니다."

이것은 운보다 실력이 더 크게 작용한 것으로 보입니다. 많은 사람이 투자에 도전하지만 성공한 사람들은 손꼽을 만큼 적습니다. 이는 실패한 사람은 그보다 훨씬 많다는 뜻이기도 합니다. 또한 실패한 사람들이 선택한 투자의 목적과 목표가 '자산 증식'이었다는 점은 실력 없이 운에만 기댄 결과라고 할 수 있습니다.

현금 흐름을 창출하는 투자가 위험하고 불안정한 단기 투자라는 생각과 자산 증식을 위한 장기 투자만이 옳다는 고정 관념을 버려야 합니다. 그렇지 않으면 성공 가능성이 매우 낮은 투자의 길을 가게 될 것입니다.

투자는 자산 증식을 위한 방향뿐만 아니라 현금 흐름을 위한 방향도 존재합니다. 투자를 통해 작은 돈을 버는 경험이 쌓이다 보면 투자 실력이 늘어납니다. 그리고 그 실력이 바탕이 돼야만 큰돈을 벌 수 있는 가능성도 높아집니다.

처음부터 오토바이를 타는 것보다
자전거를 타 본 후 오토바이를 타야
잘 달릴 가능성이 높습니다.

노동력은 지치지만 자본력은 지치지 않는다

매월 생기는 현금이 있다면 평생 먹고살 걱정은 안 해도 됩니다. 하지만 현금 흐름의 주체가 노동력인지 자본력인지는 따져 봐야 합니다. 자본력은 지치지 않지만 노동력은 일정한 한계와 수명이 존재하기 때문입니다.

돈으로 돈을 버는 방법을 안다면 굳이 자산 증식을 하지 않아도 됩니다. 영원히 지치지 않는 돈으로 계속해서 현금 흐름을 만들어 낼 수 있으니까요. 하지만 현금을 노동력으로밖에 만들어 내지 못한다면 일할 수 있을 때 부지런히 돈을 차곡차곡 모아 놓아야 합니다. 나중에 노동력이 제구실을 하지 못하게 되면 사용해야 하기 때문입니다. 많은 사람이 자산 증식에 집중하는 이유 또한 여기에 있습니다. 나중에 돈을 벌지 못하는 순간이 온다는 것을 어렵지 않게 예상할 수 있고, 그때 쓸 돈을 모아 둬야 한다는 것 역시 우리는 알고 있습니다.

하지만 문제는 자산 증식을 목표로 하는 투자는 매우 어려울 뿐만 아니라 성공 가능성도 낮다는 데 있습니다. 100세 시대를 살아가면서 60세에 노동력이 바닥나 버린다면 나머지 40년 동안은 이른바 '모아 놓은 돈'으로 살아야 합니다. 그런데 아무리 일찍 일을 시작하더라도 20세부터 60세까지는 40년밖에 되지 않습니다. 인생의 절반 동안 일해서 번 돈으로 나머지 인생의 절반을 살아야 한다는 뜻입니다.

이것은 곧 오늘 번 돈으로 오늘 하루를 먹고살기도 힘든 세상에서 오늘 번 돈으로 이틀을 먹고살아야 한다는 의미입니다. 만약 월 300만 원의 생활비가 필요하다면 노후를 생각해서 벌어야 하는 돈은 월 600만 원인 것입니다. 결코 쉬운 일이 아닙니다.

일하지 않고 먹고살 확률을 높이는 법

자본력이 만들어 내는 현금 흐름은 노동력이 만들어 내는 현금 흐름과 차원이 다릅니다. 일단 월 300만 원의 생활비가 필요하면 월 300만 원만 벌어도 전혀 문제가 되지 않습니다. 자본력으로 굴러가는 현금 흐름 시스템은 내 나이가 60세든 100세든 상관없이 계속 작동되기 때문입니다. 단순히 산술적으로만 보더라도 노동력으로 월 600만 원을 만들어 내는 일보다 자본력으로 월 300만 원을 만들어 내는 일이 더 쉬워 보입니다.

이 말인즉 직업을 갖기 위해 노력하는 것보다 투자를 잘하기 위해 노력하는 것이 더 쉬울 수 있다는 뜻입니다. 하지만 많은 사람이 현금 흐름을 노동력으로만 만들어 내려고 합니다. 당장 자본력이 없기 때문입니다. 처음에는 누구나 노동력을 들여 돈을 벌 수밖에 없습니다. 그런데 이를 몇 년 지속하다 보면 노동 생활에 익숙해지면서 자본력으로 돈을 버는 일은 생각조차 하지 않는 경우가 많습니다. 현금 흐름을 만들기 위해서 종잣돈을 만들어야 하는 것은 맞지만, 돈이 돈을 버는 자동 시스템을 만들 생각조차 하지 않고 일에만 몰두하는 건 다른 얘기입니다.

이렇듯 현금 흐름 시스템의 존재를 잊고 자산 증식에만 집중하다 보면 원하는 결과를 얻기 어렵습니다. 60세부터 100세까지 40년간 월 300만 원이 필요하다면 약 15억 원을 모아 둬야 합니다. 하지만 4%의 배당 수익률로 월 300만 원의 현금 흐름을 만들 수 있다면 9억 원만 있으면 됩니다. 심지어 후자의 경우는 원금이 사라지지도 않고 오히려 늘어날 수도 있습니다.

만약 현금 흐름 창출을 위한 투자 실력이 늘어난다면 어떨까요? 연간 10% 수익률을 얻을 수 있다면 4억 원만으로도 충분히 평생 먹고살 수 있습니다. 15억 원을 모으기 위해 40년이라는 시간이 필요하다면 4억 원의 투자 자금은 10년 정도면 모을 수도 있습니다.

현금 흐름을 만들 수 있어야 생존이 쉬워집니다.

현금 흐름을 만들면 시세 차익도 따라온다

자산 증식만큼 현금 흐름을 창출하는 것이 중요합니다. 하지만 이 두 가지가 칼로 무 자르듯 명확하지는 않습니다. 월세 수익을 얻기 위해 투자한 상가가 갑작스러운 재개발 소식으로 폭등할 수도 있고, 배당금을 받기 위해 투자한 주식이 대기업 인수 합병으로 크게 오를 수도 있습니다. 여기서 한 가지 특징을 찾을 수 있습니다. 자산 증식을 목적으로 한 투자는 현금 흐름 창출이 어렵지만, 현금 흐름을 목적으로 한 투자는 자산 증식의 효과까지 얻을 수 있다는 것입니다.

저는 달러 투자를 하면서 투자의 메커니즘을 쉽고 빠르게 이해했습니다. 사실 원 달러 환율은 변동성이 매우 낮아서 단기적으로나 장기적으로나 효율적인 투자로 보기 어려울 수 있습니다. 오래 기다려야 원하는 만큼의 수익률을 기대할 수 있죠. 하지만 상방이 뚜렷한 원 달러 환율의 특성상 장기 투자로 얻을 수 있는 수익률 또한 부동산이나 주식 같은 다른 투자 자산들과 비교하면 그리 매력적이지 않습니다. 환율은 어떤 자산의 가치가 아닌 원화와 달러의 교환 비율이기 때문에 인플레이션의 영향도 받지 않는지라 1년을 투자하나 10년을 투자하나 장기적 관점에서의 기대 수익률은 별반 다르지 않습니다.

한마디로 달러는 변동성의 크기가 제한적이어서 현금 흐름 창출과 자산 증식에 적합하지 않은 계륵 같은 투자 자산이라고 할 수 있습니다. 달러 투자를 하는 사람이 많지 않은 이유도 바로 이런 한계점 때문이 아닐까 싶습니다.

하지만 저는 이런 한계를 극복하고 큰돈을 버는 달러 투자법을 찾아냈습니다. 거래 횟수를 늘려서 복리의 마법을 부리고 투자 규모도 키우는 것입니다. 장기 투자가 불가피해진 달러를 미국 주식에 재투자하면서 투자 수익률을 높일 수 있었습니다. 자산 증식과 현금 흐름 창출, 이 두 마리 토끼를 모두 잡은 것입니다. 이는 처음부터 자산 증식을 목표로 하지 않았기에 가능한 일이었습니다. 작은 수익도 귀하게 여기며 성공 경험을 늘려 가다 보니 현금 흐름의 규모가 커졌고 이것이 자산 증식에도 기여하게 된 것입니다.

주식 투자도 마찬가지였습니다. 느리게 움직이지만 안정적인 대형 우량주 중에서 배당을 주는 주식들을 사서 현금 흐름을 만들었더니 시세 차익도 얻었습니다.

실거주용 집에 투자하는 것 역시 이와 비슷한 구조입니다. 실거주용 집의 가장 큰 이점은 시세 차익이 아닌 월세 절감입니다. 저금리 상황에서는 월세보다 주택 담보 대출의 이자가 더 작기 때문에 거주 비용을 줄일 수 있습니다. 물론 집값이 너무 높으면 당장의 실효 절감액은 크지 않을 수 있지만 집값이 상승했을 때 월세는 점점 높아져도 이자 상승폭은 이보다 제한적일 가능성이 높기 때문에 장기적 관점에서 보면 실거주 비용은 상대적으로 적게 든다고 할 수 있습니다.

그리고 집값이 상승하면 시세 차익까지 얻는 경우가 있는데 이 역시 현금 흐름을 만들기 위해 시작한 투자로 자산까지 커지는 투자 사례입니다. 두 마리 토끼를 처음부터 동시에 잡을 수는 없습니다. 하지만 제대로 된 한 마리를 쫓다 보면 일석이조의 효과를 누릴 수 있다는 얘기를 하고 싶습니다.

우선은 현금 흐름을 만드는 일에
더 집중하세요.

노동 수입을 절대 무시하지 마라

제가 경험한 돈은 수입의 구조와 형태에 따라 크게 두 가지로 구분할 수 있었습니다.

1. 플러스만 되는 돈.
2. 마이너스가 가능한 돈.

1번에 해당하는 대표적인 돈은 노동 수입입니다. 직장인이라면 월급, 자영업자라면 매출에 따른 이익이 해당됩니다. 2번에 해당하는 돈은 주로 투자 수익입니다. 마이너스가 가능한 이유는 굳이 설명하지 않겠습니다. 그런데 이 두 가지 형태의 돈은 각각 또 다시 두 가지 형태로 구분됩니다.

먼저 '플러스만 되는 돈'은 이렇게 나뉩니다.

1. 노동 시간과 수입의 크기가 비례하는 돈.
2. 노동 시간과 수입의 크기가 비례하지 않는 돈.

1번에 해당되는 돈은 앞서 예로 들었던 일반적인 노동 수입이고, 2번의 경우는 책의 인세나 블로그와 유튜브의 광고 수익, 저작권료 등을 말합니다.

그리고 '마이너스가 가능한 돈'은 이렇게 나뉩니다.

1. 가치로만 존재하는 돈.
2. 실제로도 존재하는 돈.

1번의 경우는 보유한 부동산이나 주식 등의 평가 수익이고, 2번의 경우는 주식의 배당금이나 수익을 실현한 확정 수익입니다. 그런데 돈이면 다 똑같은 돈일 텐데 굳이 왜 이렇게 복잡하게 네 가지 형태로 구분한 것일까요? 이 구분은 저의 개인적인 경험에 따라 정의한 것입니다. 저는 이 네 가지 형태의 돈이 다 같은 금액일지라도 그 가치는 다르다는 것을 깨달았습니다.

돈의 네 가지 차원

먼저 플러스만 되는 돈은 마이너스도 가능한 돈보다 훨씬 가치가 높습니다. 말 그대로 손실이라는 개념이 존재하지 않기 때문에 안정적일 뿐만 아니라 지속적이기까지 합니다. 여러 가지 돈 버는 우물 중 가장 튼튼하다고 할 수 있습니다. 하지만 노동 시간과 수입이 비례하는 돈은 안타깝게도 시간이라는 한계에 부딪힙니다. 그래서 은퇴와 함께 언젠가는 중단될 수밖에 없다는 치명적인 약점이 있습니다.

반면 노동 시간과 수입이 비례하지 않는 돈은 손실의 위험도 없을 뿐만 아니라 경우에 따라 엄청난 크기로 늘어날 수 있습니다. 예를 들어 저작권은 잘 관리하기만 하면 후대에까지 돈 버는 우물을 물려줄 수 있을 정도로 강력합니다.

마이너스가 가능한 돈 중에서는 언제든 가치가 하락할 수 있는 '가치로만 존재하는 돈'보다는 배당 수익이나 실현 수익처럼 '실제로도 존재하는 돈'이 훨씬 가치가 높습니다. 입금이 되거나 수익을 확정시키는 순간 마이너스가 가능하다는 약점이 사라지기 때문입니다. 이 모든 개념을 종합해 보면 돈 버는 우물은 크게 네 가지 형태로 존재합니다. 똑같이 월 100만 원을 번다고 가정해 보면 그 중요도를 더욱 체감할 수 있습니다. 그 중요도와 예시는 다음과 같습니다.

1. 노동 자본 수입: 블로그 글쓰기로 매월 100만 원이 입금된다.
2. 노동 수입: 주유소 아르바이트로 매월 100만 원을 월급으로 받는다.
3. 투자 확정 수입: 미국 월 배당 ETF 투자로 매월 100만 원의 배당금을 받는다.
4. 투자 평가 수입: 부동산 가격 상승으로 내 집의 가치가 매월 평균 100만 원씩 늘어난다.

여러분의 수입은 무엇인가요? 대부분 2번 노동 수입을 받고 있을 것입니다. 하지만 노동의 가치가 소멸되고 은퇴를 하면 노동 수입은 사라집니다. 그래서 총 세 가지 형태의 돈 버는 우물만 남게 됩니다. 많은 사람이 1번 우물은 비범하고 특별한 사람들만 할 수 있다고 생각하며 포기합니다. 그러다 보면 중요도가 가장 낮은 4번 투자 평가 수입에 매달리는 실수를 범하기도 합니다.

제가 하고 싶은 말은 블로그에 글쓰기를 시작하라는 얘기가 아닙니다. 오히려 은퇴하기 전이라면 '2번 노동 수입'을 무시해서는 안 된다는 얘기를 하고 싶습니다.

'누구누구는 비트코인을 사서 1억 원을 벌었대.'

'누구누구는 집을 샀는데 2억 원이 올랐대.'

이런 말들에 현혹되다 보면 내가 하고 있는 일로 버는 돈이 한없이 작게 느껴질 수 있습니다. 하지만 노동 수입은 현실적인 돈 버는 우물입니다. 아직 은퇴하기 전이라면 손실의 위험이 도사리고 있는 3번 투자 확정 수입과 4번 투자 평가 수입보다 훨씬 안전하다고 할 수 있습니다. 또한 다른 돈 버는 우물들을 만들어 내기 위한 근간이 되기도 합니다.

경제적 자유를 찾을 때까지는
일해서 버는 돈의 가치를 잊지 마세요.

공부하지 않으면 투자가 아니라 도박이다

제가 생각하는 투자의 세 가지 요소는 복리, 인플레이션, 레버리지입니다. 이 세 가지를 이해하는 것도 중요하지만 실전에서 투자에 성공하려면 투자의 메커니즘을 이해해야 합니다.

저는 카지노 도박을 통해서 투자의 메커니즘을 깨달았습니다. 부자가 되지 못한 많은 사람이 공통적으로 포기한 것이 바로 투자입니다. 투자를 포기하는 가장 대표적인 이유는 위험하다는 생각 때문이라고 합니다. 그리고 그런 사람들이 투자를 표현하는 단어는 바로 '도박'입니다. 한마디로 투자는 도박이라는 생각이 투자를 하지 못하게 막는 것입니다.

그런데 투자를 도박이라고 얘기하는 사람들은 투자에 대해서도 잘 모르지만 도박에 대해서도 잘 모르는 것 같습니다. 저는 도박 경험도 많고 투자 경험도 많기 때문에 누구보다 이 둘의 차이를 제대로 설명할 수 있습니다. 저는 이전에 도박에 관한 책《서바이벌 카지노》를 출간한 적이 있습니다. 도박으로 큰돈을 날리지 않는 방법을 담은 책입니다. 도박을 하면 쉽게 망한다고들 합니다. 하지만 저는 특이하게도 도박으로 돈을 벌었습니다. 지금부터는 제가 어떻게 도박으로 돈을 벌 수 있었고 이것이 저의 투자 생활에 어떤 영향을 줬는지 얘기해 보려고 합니다.

도박장에서 도박과 투자의 차이를 깨닫다

저는 한때 도박을 좋아했습니다. 여름 휴가지를 카지노가 있는 강원도 정선으로 가곤 했고 가족과 함께 해외여행을 갈 때도 꼭 카지노 시설이 있는 리조트를 예약할 정도였습니다. 그렇다고 제가 돈을 잘 따는 사람은 절대로 아니었습니다. 카지노에 100번 가면 100번을 다 잃고 오는 사람이었습니다. 단 한 번도 돈을 따 본 적이 없는데도 그게 그렇게 재미있었고 '이번에는 따겠지' 하는 마음으로 계속 카지노에 갔습니다.

그러던 중 제가 육아 휴직을 냅니다. 갑자기 회사에 가지 않게 되자 덜컥 겁이 났습니다. 회사에 다닐 때보다 카지노에 더 자주 가면 자주 갔지, 덜 가지는 않을 것 같다는 생각이 문득 든 것입니다. 게다가 통장에 들어오던 월급도 끊긴 마당에 도박에 깊이 빠지면 정말 큰일 나겠다는 생각을 했습니다. 그래서 카지노에 간다면 돈을 따는 것은 고사하고 잃지만 말자고, 아니 잃더라도 많이 잃지는 말자고 생각했습니다.

그래서 도박을 공부해 보기로 했습니다. 저는 카지노에 가면 블랙잭이라는 게임을 합니다. 카지노에서 돈을 딸 수 있는 유일한 게임이라는 말을 어디선가 주워듣고 블랙잭만 해야겠다고 생각했기 때문입니다. 그런데 도박을 공부하면서 알게 된 사실은 이 블랙잭이라는 게임도 제대로 해야 돈을 딸 수 있지, 지금까지 해 왔던 방법으로는 죽었다 깨어나도 돈을 벌 수 없다는 것이었습니다.

인터넷에서 정보를 찾고 도서관에서 관련된 책을 닥치는 대로 읽었습니다. 그랬더니 제가 지금까지 왜 돈을 잃을 수밖에 없었는지 알 수 있었습니다. 한마디로 블랙잭을 하는 방법을 아는 것이 블랙잭 게임을 아는 것이라고 착각한 것입니다. 단지 게임의 룰만 아는 상태에서 운으로만 게임을 이겨 보려고 했습니다. 이런 과오를 깨닫고부터는 돈을 딸 수 있게 됐습니다.

제가 이 얘기를 하는 이유는 제가 했던 실수를 투자에서 똑같이 하는 사람이 많기 때문입니다. 낮은 가격에 매수해서 높은 가격에 매도하면 수익을 얻을 수 있다는 사실을 안다고 주식 투자를 잘할까요? 이 사실은 그저 주식 투자를 하는 방법에 불과합니다. 거래 방법을 안다고 해서 무조건 수익을 얻을 수는 없습니다. 투자도 공부가 필요한 것입니다.

투자의 본질도 이해하지 못하고 투자 회사도 분석하지 않고서 소중한 돈을 투자하는 것은 도박을 하는 것과 다르지 않습니다. 저는 블랙잭 게임을 연구하고 베팅 전략까지 공부한 뒤 게임에 임했고, 그때 난생 처음으로 돈을 딸 수 있었습니다. 그동안 도박은 운의 영역이라고만 생각했는데 그 생각이 깨지는 순간이었습니다. 그리고 생각했습니다.

"카지노 도박도 공부를 하면 실력이 느는데 주식 투자는 어떨까? 부동산 투자는?"

사실 저 또한 투자 공부를 시작하기 전에는 투자가 도박과 별다르지 않다고 생각했습니다. 그때까지는 한 번도 주식으로 돈을 벌어 본 적도 없습니다. 오히려 주식 투자로 큰돈을 잃고 나서 다시는 투자에 손대지 않겠다고 다짐하기까지 했습니다. 하지만 도박을 공부해서 돈을 벌 수 있게 되자 생각이 바뀌었습니다. 제가 지금까지 했던 주식 투자는 투자가 아니라 도박이었음을 그제야 알게 된 것입니다.

솜씨 좋은 요리사에게 날선 칼은 맛있는 음식을 만들 수 있는 유용한 도구입니다. 하지만 범죄자의 손에 들린 칼은 위험한 흉기입니다. 아무리 좋은 도구라도 사용하는 방법을 제대로 숙지하지 않고 쓰다가는 크게 다칠 수 있다는 것을 명심해야 합니다.

아무리 좋은 투자도
공부해야 수익이 납니다.

현금 흐름을 완성하는 세 가지

노동 소득은 그 한계가 명확합니다. 나이가 들면 노동력이 떨어지기 때문입니다. 그래서 나 대신 돈을 벌어다 줄 종잣돈을 하루빨리 만들어 내야 합니다. 종잣돈을 만들려면 절약과 합리적인 소비 습관이 필요하다고 말씀드린 바 있습니다. 이것을 정리해서 경제적 자유를 찾고 부자가 되기 위해 필요한 3단계를 소개하겠습니다.

첫 번째, 돈을 벌어야 합니다. 직장에 다니든 장사를 하든 노동으로 돈을 벌어야 합니다. 이 과정을 건너뛸 수 있는 사람은 부모님 찬스를 사용할 수 있는 금수저뿐입니다.

두 번째, 그렇게 번 돈을 아껴서 모아야 합니다. 이 단계까지는 그렇게 어렵지 않습니다. 그리고 대부분의 사람들이 쉽게 할 수 있는 일입니다.

나머지 세 번째 단계는 잘 모르는 사람이 많습니다. 바로 돈을 불리는 일입니다. 쉽게 말해서 투자를 해야 합니다. 투자라는 엔드 게임에 참여하지 않고 부자가 될 수 있는 방법은 연예인이나 인기 유튜버처럼 소득이 어마어마하게 큰 노동자가 되는 것이 거의 유일합니다. 그런데 심지어 이렇게 소득이 큰 노동자들도 이 투자라는 엔드 게임에 참여하지 않는다면 인기가 사그라들거나 노동력의 가치가 떨어졌을 때 그대로 무너져 버릴 수밖에 없습니다. 그래서 돈을 잘 버는 인기 스타들이 빌딩을 사고 사업도 벌이는 것입니다. 언젠가는 인기가 떨어질 테고 더 이상 노래를 부르거나 연기를 해서 돈을 벌지 못하는 상황이 올 수도 있으니까요. 그렇다면 성공적인 투자를 위해서는 무엇을 알아야 될까요? 일단 투자의 세 가지 요소를 이해해야 합니다.

하나, 워런 버핏이 부자가 된 이유: 복리의 마법

첫 번째는 복리의 마법입니다. 복리는 티끌을 태산으로 만들어 버릴 만큼 엄청난 힘을 갖고 있습니다. 세계 최고의 투자자인 워런 버핏이 세계 최고의 부자가 될 수 있었던 배경에도 바로 이 복리의 마법이 있었습니다.

주식 투자를 예로 들어 보겠습니다. 워런 버핏도 주식 투자로 부자가 됐습니다. 주식은 기본적으로 복리 투자 구조를 지니고 있습니다. 1만 원이던 주가가 10% 오르면 1만 1,000원이 됩니다. 그런데 여기서 또 다시 10%가 오르면 1만 2,100원이 됩니다. 이런 식으로 계속 주가가 오르면 원금이 2배가 되는 데 걸리는 시간은 10일이 아니라 7일입니다.

복리를 얘기할 때 빠지지 않는 것이 바로 '72의 법칙'입니다. 72의 법칙은 복리를 전제로 자산이 2배로 늘어나는 시간을 계산하는 방식입니다. 72를 해당 수익률로 나눌 경우 대략적으로 원금이 2배가 되는 기간이 산출되는 간편한 공식이죠.

예를 들어 1억 원을 연 이자율 6%의 정기 예금에 넣으면 72를 6으로 나눕니다. 그 값은 12입니다. 즉, 1억 원이 원금의 2배인 2억 원이 되는 데 필요한 기간은 대략 12년입니다. 성공적인 투자를 위해서는 모든 투자 대상의 수익률을 보는 순간 72의 법칙을 떠올릴 수 있어야 합니다.

그런데 여기서 중요한 점은 정기 예금의 이자는 1년을 기다린 결과라는 점입니다. 만약 6%의 수익률을 1년이 아니라 1개월 안에 달성할 수 있다면 12년이라는 시간은 12개월로 바뀝니다. 주식 투자로 월 6%의 수익을 12개월 정도 꾸준히 달성하면 투자 원금의 100%를 수익으로 얻을 수 있다는 얘기입니다. 만약 하루에 6%의 수익을 달성할 수 있다면 어떻게 될까요? 12일이면 원금의 2배를 수익으로 얻을 수 있습니다. 결국 하루에 30% 상승했다가 그다음 날 다시 30% 하락하는 변동성이 큰 주식에 투자하는 것보다 조금씩 꾸준하게 상승하는 종목에서 더 큰 수익을 얻을 수 있다는 것을 깨달아야 합니다.

기본적으로 어떤 투자든지 복리의 마법을 누리려면 발생한 수익을 투자 원금에 합쳐서 재투자해야 합니다. 하지만 주식은 상승 메커니즘이 기본적으로 복리 구조를 취하고 있기 때문에 그냥 가만히 놔둬도 됩니다. 그래서 워런 버핏을 비롯한 수많은 주식 투자의 대가도 주식 투자로 제대로 된 수익을 얻으려면 장기적으로 투자를 해야 된다고 말합니다.

이 얘기의 배경에는 바로 주식 투자의 복리 개념이 숨어 있습니다. 주식을 샀다가 조금 오르면 바로 파는 단기 트레이딩만으로는 주식 투자로 큰돈을 벌기가 어렵습니다. 주식 투자는 타이밍이라는 말은 잘못된 얘기입니다. 주식 투자로 큰돈을 벌기 위해서는 기본적으로 타이밍을 맞추는 것이 아니라 시간이 필요하다고 이해해야 합니다.

둘, 반드시 자산을 사야 하는 이유: 인플레이션

두 번째는 인플레이션입니다. 인플레이션을 이해하려면 먼저 돈이 어떻게 늘어나는지를 이해해야 합니다. 저는 투자를 모르던 시절에는 시장에 돈이 증가하려면 무조건 한국은행에서 돈을 찍어 내야 한다고만 생각했습니다. 물론 화폐를 새롭게 발행하는 것도 통화량이 증가하는 원인 중 하나일 수 있지만 새 돈을 찍는 만큼 헌 돈을 폐기하기 때문에 그 둘을 더하고 빼면 실제 증가량은 크지 않을 것입니다.

사실상 시장에 통화량이 증가하는 가장 큰 원인은 소득, 대출, 투자 자산의 증가 때문입니다. 이 중에 가장 대표적인 것이 대출의 증가입니다. A 은행에서 A에게 1억 원을 대출해 줬다고 가정해 보겠습니다. A는 이 돈으로 B에게 물건을 삽니다. B는 A에게 받은 1억 원을 B 은행에 저축합니다. 그리고 B 은행은 이 돈을 C에게 대출해 줍니다. 이 과정에서 처음 1억 원이었던 돈은 대출과 저축을 반복하던 끝에 총 3억 원으로 늘어납니다.

A 은행은 A에게 받을 돈 1억 원이 있고, B 은행도 C에게 받을 돈 1억 원이 있습니다. 또 B는 B 은행에 저축해 둔 1억 원이 있습니다. 이 과정을 이해하면 통화량이 끊임없이 증가할 수밖에 없다는 것을 깨닫게 됩니다. 그리고 통화량이 증가하면 현금의 가치가 그만큼 하락해서 물가가 오르고, 물가가 오르면 주식이나 부동산 같은 자산의 가격도 상승한다는 것을 알게 됩니다.

당장 지금은 아니지만 기다리다 보면 언젠가 무조건 오르는 부동산과 주식을 사는 것이 그리 위험하거나 불안한 일은 아닐 것입니다. 이것은 마치 타임머신을 타고 과거로 돌아가 가치 있는 물건을 아주 싸게 사는 것과 같은 일이라고 할 수 있습니다.

제가 경제적 자유를 찾을 수 있었던 비결 중 하나는 바로 인플레이션에 대한 믿음이 있었기 때문입니다. 집을 사면 가격이 우상향할 수밖에 없다는 믿음이 있었기 때문에 부동산 가격이 하락했을 때도 용감하게 하우스 푸어를 자처할 수 있었습니다. 그리고 이 믿음은 인플레이션의 구조를 알고 이해해야 진정으로 생겨납니다.

물론 세계 경제의 역사를 살펴보면 디플레이션, 그러니까 물가가 오히려 하락하는 시기도 있었습니다. 하지만 그건 일시적인 현상일 뿐입니다. 통화량이 증가하는 것은 멈출 수 없기 때문에 결국은 인플레이션으로 회귀할 수밖에 없습니다.

셋, 부자의 필수 도구: 레버리지

마지막 세 번째는 레버리지입니다. 재테크 초보자는 이 말이 어렵게 느껴질 수도 있겠습니다. 하지만 우리말로 바꿔 보면 아주 쉽습니다. 레버리지는 지렛대를 의미합니다. 모두가 알다시피 지렛대는 아주 무거운 물건도 쉽게 들어올릴 수 있도록 도와주는 도구입니다.

투자에서 레버리지란 비싼 자산을 그보다 작은 돈으로도 살 수 있게 도와주는 도구입니다. 비싼 아파트를 작은 돈으로 살 수 있는 방법은 뭐가 있을까요? 바로 은행에서 대출을 받으면 됩니다. 예를 들어 5억 원짜리 집을 사고 싶은데 주택 담보 대출을 50% 받으면 내 수중에는 2억 5,000만 원만 있으면 됩니다.

주식 투자에서도 레버리지의 도움을 받을 수 있습니다. 바로 '증거금률'을 이용하는 것입니다. 특이하게도 주식은 회사의 규모 등에 따라 증거금률이 제각각입니다. 증거금률이 50%인 주식은 1억 원어치의 주식을 5,000만 원만 있으면 살 수 있습니다. 그리고 증거금률이 20%인 주식은 1억 원어치의 주식을 2,000만 원만 있으면 살 수가 있습니다.

레버리지의 힘은 해당 자산의 가격이 상승했을 때 확실하게 체감할 수 있습니다. 예를 들어 1억 원에 산 주식이 올라서 1억 2,000만 원이 됐다면 수익률은 20%가 됩니다. 하지만 레버리지를 이용해서 내 돈이 단 2,000만 원만 들어갔다면 어떨까요? 2,000만 원으로 2,000만 원의 수익을 만들어 냈으니 수익률은 100%입니다.

이 대목에서 수익률이 20%냐 100%냐의 차이일 뿐이지 이러나저러나 수익금은 똑같이 2,000만 원이지 않느냐고 생각할 수도 있습니다. 하지만 자본금이 1억 원인 사람이 레버리지를 전혀 이용하지 않았다면 20%의 수익률에 만족해야 하지만, 레버리지를 일으켰다면 5억 원어치의 주식을 살 수 있었을 것입니다. 그러면 수익은 1억 원이 됩니다. 똑같은 자본으로 레버리지를 일으키지 않았을 때는 2,000만 원에 불과했던 수익이 레버리지를 사용함으로써 1억 원으로 늘어난 것입니다.

지금까지 투자의 세 가지 요소를 살펴봤습니다. 첫 번째 복리의 마법, 두 번째 인플레이션, 세 번째 레버리지입니다. 이것은 어디까

지나 제 생각일 뿐이지만 바로 이 세 가지를 제대로 알고 활용한 덕분에 제가 경제적 자유를 찾을 수 있었습니다.

투자는 아는 만큼 보이고
보이는 만큼 얻을 수 있습니다.

빚지면 안 되는 시절은 지났다

인플레이션과 레버리지는 자본주의 시스템에서 아주 중요한 요소입니다. 그리고 자본주의 시스템에서 생존하기 위해서는 이 두 요소의 조합을 이해해야 합니다.

통화량이 증가하면 인플레이션이 발생하고 물가가 오릅니다. 이렇게 화폐의 가치가 하락하면 내가 가진 현금도 점점 그 가치가 하락합니다. 이런 상황에서 대출을 일으킨다고 가정하겠습니다. 현금의 가치가 하락하고 있으므로 은행에서 빌린 돈의 가치도 하락합니다. 하지만 빌린 돈으로 주식이나 부동산 자산을 산다면 어떻게 될까요? 이런 자산은 인플레이션에 의해 가격이 우상향합니다. 그리고 은행에 갚아야 할 원금은 시간이 지나면서 가치가 점점 하락할 것입니다.

빚내서 자산을 사면 좋은 점

인플레이션은 내가 가진 현금의 가치를 떨어뜨리지만 내가 은행에서 빌린 돈의 가치도 떨어뜨립니다.

만약 지금으로부터 30년 전, 그러니까 강남에 있는 30억 원짜리 아파트가 1억 원이던 시절에 은행에 1억 원을 빌려서 그 아파트를 샀다면 어땠을까요? 30년 동안 은행에 매년 이자를 지급해야겠지만 10% 정도여도 약 3억 원입니다. 이자는 복리로 발생하는 게 아니라 단리로 발생하기 때문이죠. 1억 원에서 30억 원이 된 아파트를 생각하면 이자 3억 원은 그리 큰 비용이 아닙니다. 게다가 30년 동안 그 아파트에 살고 있었다면 30년간의 사용료로 생각할 수도 있습니다. 이제 은행에서 이자 상환 기간이 만기가 됐다며 원금을 상환하라고 합니다. 이때 내가 은행에 상환해야 하는 돈은 단 1억 원입니다.

30년 전에는 강남 아파트값이었던 1억 원이 지금은 강남에 있는 작은 원룸 보증금도 안 되는 돈이 돼 버렸습니다. 30년 전 은행에서 빌려준 돈이 시간이 흐르면서 그 가치가 떨어진 것입니다. 이렇듯 레버리지가 인플레이션을 만날 때 어떤 일이 일어나는지 이해한다면 투자의 기본을 깨닫게 됩니다.

'빚지면 안 된다.'

어른들이 항상 하는 얘기입니다. 저 역시 어렸을 때부터 빚에 허덕이는 부모님을 보며 살았습니다. 그러다 보니 자연스럽게 빚은 나쁜 것이고 절대 만들면 안 되는 것이라는 생각이 머릿속에 가득 찼습니다. 그런데 빚에는 좋은 빚과 나쁜 빚이 있습니다. 경제적 자유를 찾고 부자가 되기 위해서는 어두운 '빚'을 밝은 '빛'으로 바꿀 수 있어야 합니다.

어두운 빚은 소비하기 위해 진 빚을 얘기합니다. 할부로 자동차를 산다든지, 쇼핑하기 위해 신용 카드를 쓴다든지 등 소비에 사용하는 빚은 어른들이 말씀하셨던 바로 그 나쁜 빚입니다. 반면 레버리지는 밝은 빛이 될 수 있는 좋은 빚입니다. 빌린 돈으로 소비를 하는 게 아니라 인플레이션의 영향으로 가격이 우상향할 수 있는 주식이나 부동산 같은 자산을 사기 때문입니다.

자산을 살 땐 절대적인 가치를 따져야 한다

아파트 가격이 상승하는 이유는 크게 두 가지입니다. 한 가지는 통화량이 증가하면서 가치의 격, 즉 가격이 달라지기 때문입니다. 아파트의 가치가 변하지 않아도 가격이 오를 수 있다는 얘기입니다. 또 한 가지는 실제 가치가 상승하는 경우입니다. 아파트 바로 앞에 새로 초등학교가 생긴다거나 지하철역이 개통된다거나 근처에 대기업이 입주한다거나 하는 상황이 생기면 해당 부동산의 주변 인프라가 좋아집니다. 그에 따라 절대 가치가 상승합니다. 인플레이션으로도 가치가 오르는데 여기에 절대 가치까지 상승하면 아파트값은 말 그대로 폭등하는 것입니다. 여기에 또 하나, 수요와 공급의 법칙도 가격 상승을 유도합니다. 원하는 사람이 많을수록 가치가 상승한다는 것은 초등학생도 알 만한 얘기입니다.

그래서 우리는 투자할 때 가치를 생각해야 합니다. 내가 산 아파트 주변에 혐오 시설이 생긴다거나 새 아파트들이 생겨 공급이 늘어난다면 인플레이션으로 가치가 높아진다 한들 절대 가치는 하락하므로 오히려 가격이 떨어질 수도 있습니다. 결국 인플레이션의 혜택을 받기 위해서는 변하지 않을 절대적 가치를 기본적으로 지니고 있어야 한다는 얘기입니다.

주식 투자 역시 마찬가지입니다. 라면을 파는 회사를 예로 들어보겠습니다. 100원짜리 라면을 1년에 1만 개 파는 회사의 30년 매출은 3,000만 원입니다. 하지만 라면 가격이 1,000원으로 오른다면 매출은 어떻게 변할까요? 라면 가격이 10배 올랐으니 매출도 10배가 오르는 것이 당연합니다.

기업의 매출이 증가하면 시가 총액, 그러니까 기업을 통째로 살 수 있는 가격도 증가할 수밖에 없습니다. 이 역시 인플레이션으로 인해 기업 가치의 격이 달라진 것입니다. 그런데 이 기업이 만약 시간이 흘러 해외 수출에도 성공한다면, 그래서 라면을 100만 개 이상

팔게 됐다면 어떨까요? 이 경우 기업의 절대 가치도 높아집니다. 주가는 시장 상황에 따라 오르락내리락하지만 인플레이션으로 인한 매출의 증가, 그리고 기업의 내재 가치의 상승에 따라서도 달라집니다. 물론 누가 사고 또 누군가가 팔면서 수요와 공급의 영향도 받습니다.

만약 30년 전에 은행에서 대출을 받아서 강남의 아파트와 라면 회사에 투자를 했다면 지금 얼마나 많은 돈을 벌었을까요? 이게 바로 인플레이션과 레버리지의 힘입니다.

좋은 빚을 내야
집을 살 수 있습니다.

그러나 견딜 수 있는 지렛대만 사용하라

동전의 앞면이 나오면 돈을 잃고 동전의 뒷면이 나오면 돈을 얻는 게임이 있습니다. 이때 양쪽에 돈을 걸면 어떤 일이 벌어질까요? 아무 일도 일어나지 않습니다. 동전이 앞면이 나오든 뒷면이 나오든 잃는 동시에 얻게 되니까요.

하지만 투자는 동전 던지기 게임과 비슷하면서도 다른 구조를 지닙니다. 승리를 하면 동전 1개를 얻는 것까지는 똑같습니다. 하지만 실패하더라도 나머지 동전 1개를 잃는 것은 아닙니다. 아무리 아파트나 주식의 가격이 올라도 팔지 않으면 아무런 수익을 얻을 수 없듯이, 아파트 가격이 내려가더라도 팔지 않으면 아무런 손실도 없습니다. 주식 투자에서는 상장 폐지와 같은 극단적인 상황을 제외하면 손실을 확정할 수 있는 것은 오로지 내가 주식을 팔았을 때뿐입니다.

레버리지, 잘못 사용하면 전 재산을 잃는다

앞서 레버리지를 활용해야 하는 이유를 설명했습니다. 레버리지는 수많은 사람이 투자에 성공한 비결 중 하나로 유용한 무기임에는 틀림없습니다. 하지만 초보 투자자에게는 오히려 독이 되는 경우도 있습니다. 레버리지를 잘못 사용하면 투자가 도박이 되기 때문입니다.

100만 원을 가진 투자자가 있습니다. 이 투자자가 100만 원을 투자해서 100%의 수익률을 달성하여 200만 원을 얻습니다. 여기서 100만 원을 더 빌려서 200만 원을 다시 투자합니다. 이번에는 50%의 손실을 입습니다. 그러면 이 사람이 원래 갖고 있던 원금 100만 원은 몽땅 사라져 버립니다. 이처럼 레버리지는 수익도 극대화하지만 손실도 극대화합니다. 그래서 제대로 사용하지 않으면 아주 위험한 투자가 될 수 있습니다.

레버리지가 위험한 이유는 손실의 확정 권한을 나에게서 빼앗아 버린다는 데 있습니다. 레버리지를 사용하지 않은 투자자는 투자한 종목이 99%의 손실을 입더라도 손실을 확정시키지 않은 채 얼마든지 기다릴 수 있습니다.

하지만 2배의 레버리지를 사용해서 50% 정도의 손실이 발생하면 투자 원금이 사라져 버리므로 투자는 그대로 중단됩니다. 즉, 손실의 확정 권한을 빼앗기는 것입니다.

경험 많은 투자자는 좋은 종목을 선택하는 능력 또한 탁월하기 때문에 적절하게 레버리지를 사용해도 손실의 확정 권한을 빼앗길 정도의 위험을 맞닥뜨릴 가능성이 적습니다. 또한 효과적으로 손절매를 할 수 있는 멘탈과 기술도 겸비하고 있기에 상황이 악화되기 전에 합리적이고 적절한 조치를 취할 수도 있습니다.

그러나 초보 투자자가 그런 멘탈과 기술을 갖기란 매우 어려운 일입니다. 흔히 '여윳돈으로 투자하라'는 말을 합니다만 이 말의 의미는 단순히 당장 쓰지 않을 돈을 투자하라는 얘기가 아닙니다. 손실의 확정 권한을 내 의지가 아닌 다른 이유로 빼앗기지 않을 정도로 투자하라는 얘기입니다. 만약 다음 달 생활비를 주식에 투자했는데 그때까지 주가가 오르기는커녕 크게 하락한다면 어떤 일이 벌어질까요? 굶어 죽기 싫다면 어쩔 수 없이 손실을 확정해야 합니다. 나는 팔고 싶지 않은데 당장 생계가 곤란해서 내가 가진 손실의 확정 권한을 빼앗기는 것입니다.

투자의 세계에서 레버리지는 매우 강력한 무기라 할 수 있습니다. 그 어원이 '지렛대'임을 생각해 본다면 훨씬 이해하기 쉬울 것입니다. 하지만 보잘것없고 약하기만 한 지렛대는 그 기능을 제대로 수행할 수 없습니다. 무리한 욕심은 지렛대를 부러뜨리고 영영 사용하지 못하게 만들 수도 있습니다.

초보 투자자라면
부러지지 않을 지렛대만 사용하세요.

소액 투자의 기준을 착각하지 마라

다음 중 가장 위험한 행위는 무엇일까요?

1. 5억 원짜리 아파트를 산다.
2. 3억 원으로 달러를 산다.
3. 대형 우량주에 1억 원을 투자한다.
4. 성장주에 1,000만 원을 투자한다.
5. 카지노 도박에 10만 원을 베팅한다.

참고로 저는 이 모든 행위를 다 해 봤습니다. 그리고 이 중에서 제가 생각하는 가장 위험한 행위는 단연코 5번입니다. 나머지 행위들은 투자의 규모만 다를 뿐 위험성은 비슷비슷하다고 생각합니다.

도박에 쓰는 10만 원보다 투자에 쓰는 1억 원이 안전하다

위험성은 투자의 규모뿐만 아니라 투자 대상에 따라서도 달라집니다. 제가 더 이상 카지노에 가지 않는 이유는 큰 위험성에 비해 수익성이 너무 낮기 때문입니다. 멘탈이 무너지지 않으려면 한 번에 10만 원을 베팅하더라도 마음의 동요가 없어야 하는데, 그러려면 순자산이 1,000억 원 정도는 있어야 할 것 같습니다. 반면 달러 투자는 순자산이 10억 원 정도만 돼도 한 번에 1억 원 정도를 투자하는 일이 그리 어렵지 않았습니다.

투자의 규모가 적정한지를 따질 땐 실제 투자금 중에서 순수하게 내가 갖고 있는 투자금이 얼마인지를 따져야 합니다. 투자에서 '소액'이란 단순히 산술적인 의미가 아닙니다. 투자 대상의 성격과 나의 전체 가용 투자금, 그리고 투자 실력에 따라 달라지는 상대적인 개념입니다.

저는 달러 투자가 처음인 분들께 소액 투자로 경험을 쌓아 나가라고 말합니다. 여기서 소액의 기준은 개인마다 다릅니다. 투자 경험이 있지만 자산이 없는 대학생에게는 100만 원일 수도, 사회 초년생에게는 1,000만 원, 40대에게는 5,000만 원, 이미 주식이나 부동산 투자의 경험이 있는 분들에게는 1억 원일 수도 있습니다. 예를 들어 전체 가용 투자금이 1억 원인 투자자가 있습니다. 이분에게 소액이란 달러 투자 시에는 1,000만 원, 주식 투자 시에는 100만 원, 카지노 도박을 할 때는 1,000원일 수 있습니다. 그러니 멘탈이 흔들리지 않으면서 최대한 사용할 수 있는 나만의 적당한 투자 규모를 정해 보기 바랍니다.

투자는 커피값, 치킨값을 벌기 위한 취미 생활이 아닙니다. 피 같은 돈과 나와 내 가족의 미래를 걸고 하는 생존 게임입니다. 투자는 생활비를 벌어들이고 경제적 자유를 찾을 수 있는 유용한 도구여야 합니다. 소액 투자는 잃지 않는 안전한 투자를 위해 아주 바람직한 방법입니다. 하지만 소액 투자의 기준을 착각해서는 안 됩니다.

10억 원을 가진 사람과 100만 원을 가진 사람의 자본력

티끌 모아 티끌이라는 말을 거꾸로 생각해 보면 '티끌은 잃어도 티끌'입니다. 아파트를 사는 데 들어가는 1억 원과 비트코인을 사는 데 필요한 1억 원은 그 액수만 같지 위험도는 다릅니다. 마찬가지로 주식에 투자하는 1억 원과 달러에 투자하는 1억 원도 그 위험도가 다릅니다. 투자 대상의 성격에 따라 투자 위험도가 달라지기 때문입니다.

그렇다면 A 투자자와 B 투자자가 같은 자산에 1억 원을 투자한다면 그 위험도는 같을까요? 그럴 수 없습니다. A 투자자는 10억 원의 현금을 가진 자산가입니다. 반면 B 투자자는 직업도 없고 가진 현금이라고는 100만 원이 전부이며 빚을 내서 투자합니다. 극단적인 비교이기는 하지만 제가 얘기하고 싶은 것은 투자의 위험도가 투자자의 자본력에 따라 달라질 수 있다는 것입니다. 당연한 얘기처럼 들리지만 많은 사람이 간과하고 있는 사실입니다.

저는 카지노에서 돈을 잃지 않는 법을 연구했습니다. 그리고 긴 연구 끝에 손실을 최소화하면서도 안정적인 수익을 얻는 방법을 찾아냈습니다. 그것은 바로 최소 금액만 베팅하는 것입니다. 한마디로 한 번의 게임에 1,000원 정도를 베팅해야만 가능한 일이었습니다. 하지만 이런 식으로라면 12시간을 집중해도 얻을 수 있는 수익은 고작 몇 만 원 정도에 불과합니다. 수익이 노력과 노동력에 비해 너무 작습니다. 그래서 도박으로 돈을 버는 일은 그리 효율적이지 않다는 것을 깨달았습니다.

그런데 이 얘기를 들은 사람들은 하나같이 이런 말을 합니다.

"1,000원이 아니라 1만 원을 걸면 10배는 더 벌 수 있지 않나요?"

하지만 10배로 베팅을 한다면 수익을 얻는 것이 불가능해집니다. 승패에 큰 영향을 끼치는 멘탈이 무너져 버리기 때문입니다.

예를 들어 가위바위보 게임을 한다고 칩시다. 이기면 1원을 얻고

지면 1원을 잃는 게임입니다. 100번을 계속 지더라도 잃는 돈은 고작 100원입니다. 1,000번을 계속 지더라도 잃는 돈은 1,000원입니다. 100만 원을 가진 사람에게 1,000원은 잃어도 아무런 타격도 미치지 않는 미미한 수준입니다. 마찬가지로 게임에서 1,000번을 이겨서 1,000원을 얻더라도 이 역시 과자 한 봉지 정도를 사 먹을 수 있을 정도로 아주 작은 수익입니다.

이번에는 단위를 바꿔 보겠습니다. 이기면 1,000원을 얻고 지면 1,000원을 잃는 게임입니다. 자산이 10억 원인 사람이 똑같은 규칙의 가위바위보 게임을 합니다. 이 게임에서 똑같이 1,000번을 이겼다고 가정하면 얻을 수 있는 수익은 1,000원의 1,000배인 100만 원입니다. 100만 원은 10억 원을 가진 사람도 아주 유용하게 사용할 수 있는 돈이라고 할 수 있습니다. 그런데 게임에서 진 상대방의 전재산이 100만 원이라면 어떨까요? 파산의 상황에 처할 정도로 매우 위험한 일이라고 할 수 있습니다.

똑같은 자본금으로 투자를 하더라도 결과가 달라지는 이유가 바로 여기에 있습니다. A 투자자는 1억 원으로 1,000만 원의 수익을 얻는 것이 그리 어렵지 않지만 B 투자자는 똑같은 1억 원으로 똑같은 1,000만 원의 수익을 얻는 것이 버거울 수 있는 것입니다.

투자 성공 가능성을 높이기 위해서는 자본력에 맞는 자본금으로 투자해야 합니다. 자본력은 부실하기 그지없는데 그에 비해 너무 큰 자본금을 동원한다면 투자에서 아주 중요한 요소인 멘탈이 무너질 수밖에 없습니다. 종잣돈을 모아서 투자하라는 말은 티끌 모아 티끌이 되지 않도록 자본금을 키우라는 의미이면서, 잃게 되더라도 티끌처럼 아주 작게 느껴질 수 있도록 자본력을 키우라는 얘기이기도 합니다.

많이 얻고 싶다면 많이 투자해야 합니다.
그러므로 많이 투자할 만한 투자 실력부터 키웁시다.

현금 부자는
주식도 하고 부동산도 한다

2008년 11월 18일. 글로벌 금융 위기가 세계 경제를 집어삼키던 날, 제가 하루 동안 잃은 돈은 1,800만 원 정도였습니다. 그리고 단 두 달 동안 잃은 금액은 총 5,000만 원이 넘었고 수익률은 마이너스 95%였습니다. 당시 저의 상황은 신혼 생활을 월세 25만 원짜리 옥탑방에서 시작할 정도로 많이 어려웠습니다.

어떻습니까? 주식 투자 무섭죠? 도박 같죠? 절대 해서는 안 되는 일 같죠? 실제로 저는 이 일을 겪고 주식 투자를 도박이라고 생각하고 한동안 투자를 하지 않았습니다. 그러나 아이러니하게도 카지노에서 진짜 도박을 하면서 투자의 본질을 깨달았고 이 생각은 잘못

됐다는 것을 알 수 있었습니다.

자본주의 사회에서 자본가가 될 수 있는 가장 쉽고 간단한 방법은 주식 투자입니다. 그런데 주식 투자는 도박이라는 오해를 받기도 합니다. 이유는 간단합니다. 많은 사람이 주식 투자를 도박처럼 하기 때문입니다. 한마디로 주식 투자가 문제가 아니라 주식 투자를 도박처럼 하는 사람이 문제입니다.

잃지 않는 주식 투자법을 만들다

주식 투자를 '하는 것'과 '잘하는 것'은 아주 다릅니다. 큰돈을 벌고 싶어 하는 인간의 끝없는 욕망은 주식 투자에 있어 너무나도 큰 방해 요인입니다. 인간의 두뇌는 주식 투자를 잘 못하도록 설계됐다는 가설이 있을 정도입니다. 저는 20년 동안 주식 투자를 해 오면서 무려 17년을 초보 투자자 수준에 머물러 있었습니다. 평범하고 일반적인 두뇌와 욕망을 가진 저였기에 이건 전혀 이상한 일이 아니었죠.

저는 초보 투자자에서 벗어나기 위해 '사람은 고쳐 쓰는 게 아니다'라는 말을 마음에 새겼습니다. 그러므로 나를 고칠 수 없다면 나를 통제할 수 있는 일종의 시스템이 필요하다고 생각했습니다. 그래서 제가 만든 것이 '세븐 스플릿' 주식 투자 시스템입니다. 놀랍게도 이 시스템이 가동되고부터 저는 안정적으로 주식 투자를 할 수 있게 되는 기적 같은 변화가 일어났습니다.

하지만 결국 주식 투자의 본질은 '좋은 회사에 투자하는 것'입니다. 이것이 선행되지 않으면 그 어떤 노하우도 무용지물이 됩니다. 그래서 저는 투자하기 좋은 회사를 찾기로 했습니다. 그러면서 깨달은 점이 있습니다. 제가 주식 투자에 대해 아무것도 모르고 있었다는 사실입니다. 저는 PER, PBR, PSR, PCR, PEG, ROE, ROA 등 아주 기본적인 개념조차 모르고 주식 투자를 시작했습니다. 사업 보고서와 재무제표를 왜 읽어야 하는지도 몰랐습니다. 기업 분석을 시작하면서부터는 잃기만 했던 위험한 투자에서 벗어나 잃지 않는 안전한 투자를 할 수 있었습니다.

사실 제가 전하는 비결은 벤자민 그레이엄, 필립 피셔, 워런 버핏, 피터 린치 같은 현명한 투자자들이 책을 통해 전한 것과 크게 다르지 않습니다. 저는 그들의 조언 중 '좋은 것'은 그대로 수용하고, '따르기 어려운 것'은 쉬운 방법으로 대체하고, '지키기 어려운 것'은 시스템을 만들어 통제했을 뿐입니다.

만약 지금 주식 투자를 하고 있는데, 그 종목의 PER, PBR, PCR, PSR, ROE, ROA, 배당 성향, 최근 결산일의 매출 및 영업 이익, 부채 비율 등 아주 기본적인 사항도 확인해 보지 않았거나, 심지어 그 용어들이 무엇을 의미하는지조차 모르고 있다면 그것은 투자라기보다는 도박을 하고 있는 것입니다.

이것은 마치 기본적인 정보도 모른 채 아파트를 산 것과 같습니다. 아파트의 위치가 어디인지, 몇 평인지, 몇 층인지, 방과 화장실은 몇 개인지, 수도와 전기는 잘 공급되는지, 보일러는 개별난방인지 중앙난방인지, 남향인지 북향인지, 주변에 지하철역은 가까운지 등도 모르고 말입니다.

아현동 가구 거리에 부자가 많은 이유

언젠가 한 경제 뉴스의 메인 기사에서 월급을 한 푼도 쓰지 않고 20년을 모아야 서울에 있는 아파트 한 채를 살 수 있다는 말을 본 적이 있습니다. 지금은 아파트값이 더 크게 올랐으니 아마 20년보다 기간이 늘었을 것입니다.

하지만 아파트값이 오르기 전에 대출이라는 레버리지를 이용했거나 갭 투자를 시도하는 등 내 집 마련에 성공한 사람도 있습니다. 노동으로 불가능한 일을 투자 행위로 가능하게 한 것입니다. 우리 사회가 자본주의 사회이기 때문에 가능한 일입니다.

서울시 서대문구에 있는 아현동 가구 거리의 가구 사업가 중에 부자가 많다고 합니다. 단순히 장사 수완이 좋아서 부자가 됐을 것이라는 추측은 순진한 생각입니다. 가구 사업은 제작과 유통이 중요하기 때문에 비교적 큰 규모의 부지를 확보해야 합니다. 그러므로 가구 사업가들은 오래전에 토지를 매입했을 것이고, 시간이 흘러 토지의 가격이 천정부지로 뛰어오른 것입니다. 그들이 부자가 된 결정적인 이유는 토지를 일부 매각했기 때문입니다. 가구 사업으로 번 돈보다 본의 아니게 부동산 투자로 번 돈이 훨씬 많았다는 얘기가 숨어 있었습니다.

이렇게 자본주의 사회에서 돈을 버는 것은 자본가입니다. 그리고 자본가가 되기 위해서는 회사를 경영해야 합니다. 하지만 기업 경영은 쉽게 할 수 없는 일입니다. 기업을 운영하려면 큰 규모의 자본이 있어야 하니까요.

다행히 인류가 발명해 낸 주식 거래 시스템 덕분에 우리는 적은 자본으로도 기업의 주주가 될 수 있습니다. 100억 원짜리 토지를 100명이 함께 산다면 한 사람당 1억 원만 있으면 됩니다. 그리고 100억 원의 토지에서 창출되는 수익 중 1%만큼의 수익을 가져갈 권리가 생깁니다. 주식 투자는 수익을 발생시키는 수단인 '기업'의 주인이 되는 행위입니다. 내가 1%만큼만 소유하면 기업이 만들어 내는 수익의 1%가 곧 내 것이 되는 것입니다.

현재는 부동산 가격이 단기간에 너무 많이 올라 버린 탓에 주식 투자가 훨씬 더 유리한 상황입니다. 일반적으로 부동산 투자를 하려면 막대한 투자 자금이 필요하고 취득세, 양도세, 보유세 등 내야 할 세금도 부담스럽습니다. 환금성도 좋지 않아서 갑자기 현금이 필요하면 유연하게 대처하기도 어렵습니다.

하지만 주식 투자는 적은 금액으로도 투자가 가능하고 부동산 투자와 비교하면 세금도 그리 부담스러운 수준이 아닙니다. 또한 매도 후 이틀만 지나면 돈이 들어오므로 환금성도 좋습니다. 이런 주식 투자를 통해 할 수 있는 부동산 투자가 있습니다. 바로 가치 있는 부동산 자산을 많이 갖고 있는 회사에 투자하는 것입니다.

회사가 가진 실제 부동산 자산을 살펴라

회사는 개인보다 더 많은 자금을 갖고 있습니다. 상장한 회사라면 일반 회사보다 더 큰 자금을 운용합니다. 부동산 투자는 대규모 자금이 필요하기 때문에 개인보다 기업이 유리합니다. 따라서 개인 투자자라면 은마아파트를 10채 사는 것보다 이 아파트를 10채 가진 회사에 투자하는 것이 더 쉽고 효과적일 수 있습니다.

어떤 회사는 실제로 15억 원에 거래되는 아파트의 가격을 20년 전 가격인 1억 원으로 기재해 놓기도 합니다. 예를 들어 이 아파트를 10채 갖고 있어서 부동산 자산이 10억 원으로 기재돼 있고, 시가총액이 20억 원인 회사가 있습니다. 하지만 이 아파트의 현재 가격으로 계산하면 회사의 실제 자산은 150억 원이 넘습니다. 이 사실을 알았다면 이곳의 주식을 사지 않을 이유가 있을까요?

실제로 서울시 영등포구에 있는 타임스퀘어를 보유한 '경방'이라는 회사의 부동산 자산은 2018년 2월 기준으로 7,000억 원에 달합니다. 건물을 제외한 토지만 말입니다. 아마 지금은 더 올랐을 것입니다. 그런데 2022년 1월 기준으로 경방의 시가 총액은 약 3,700억 원입니다. 3,700억 원으로 경방을 통째로 인수한 후에 토지를 모두 매각한다면 곧바로 3,300억 원의 시세 차익을 얻을 수 있다는 계산이 나옵니다. 물론 세금, 부채 등의 예상치 못한 변수들이 있겠지만 그럼에도 불구하고 매우 비정상적인 상황임에는 변함이 없습니다. 이런 일이 벌어지는 이유 중 하나는 경영권 상속 문제가 복잡하기 때문입니다. 상속세를 부담해야 하는 대주주의 입장에서는 주가가 올라서 시가 총액이 높아지는 일이 반갑지 않은 것입니다.

가치 투자의 가장 기본적인 개념은 '주가는 결국 기업의 내재 가치에 수렴한다'는 것입니다. 이 개념에 따르면 상속세 때문이든 대주주의 도덕성 때문이든 시간이 걸리더라도 결국 기업의 주가는 기업이 보유한 자산의 가치에 근접한 방향으로 움직일 것입니다.

자산은 부족하지만 좋은 제품과 서비스를 제공하여 꾸준히 이익을 낼 것으로 예상되는 기업, 그리고 주력 사업이 사양길로 접어들었지만 오랜 업력으로 자산을 쌓아 왔고 공장 부지가 개발돼 부동산 자산 가치가 지속적으로 상승하고 있는 기업 등등 저마다 분명 투자할 만한 이유가 존재합니다.

인터넷 부동산 카페에 가면 주식 투자는 도박과 같으니까 절대로 해서는 안 된다는 의견이 차고 넘칩니다. 반대로 주식 카페에 가면 수익률도 변변치 않고 세금도 엄청난 부동산 투자를 왜 하느냐는 의견을 찾아볼 수 있습니다. 저는 둘 다 해 본 사람으로서 이렇게 말씀드리고 싶습니다. 둘 다 해야 합니다.

여러 가지 투자를 동시에 시작하세요.

투자 자산보다는 투자 방법에 집중하라

투자자들이 가장 궁금해하는 것은 바로 '어디에 투자해야 할지'입니다. 부동산 투자자는 아파트를 살지, 오피스텔을 살지, 상가를 살지, 지식 산업 센터를 분양받아야 할지 선택해야 합니다. 또한 서울이나 수도권 부동산을 살지, 지방 부동산을 살지도 선택해야 합니다. 이처럼 부동산 투자를 시작하기 전에는 무수한 선택의 기로에 놓입니다.

가치가 많이 올라갈 자산을 고르는 것이 투자의 기본입니다. 그런데 제가 다양한 투자 경험을 쌓으면서 한 가지가 더 필요하다는 것을 알게 됐습니다. 그것은 바로 '어떻게 투자해야 할지'입니다. 한마디로 좋은 투자 방법을 알아야 합니다.

저는 지금까지 9개의 부동산을 매수한 바 있고 그중 2개는 매도하여 지금은 7개의 부동산을 보유하고 있습니다. 빌라, 아파트, 건물, 토지까지 그 종류도 다양합니다. 그리고 지금까지 투자한 부동산은 모두 결코 적지 않은 상승을 기록했습니다.

과연 '이것이 투자 실력 때문인가?' 하고 자문해 보면 그 대답은 '아니오'에 가깝습니다. 물론 온전히 운 때문이라고 볼 수도 없습니다. 오랜 시간 동안 제가 분석한 부동산 투자의 성공 비결은 다음과 같습니다.

"부동산 침체기에 혹은 급매로 나온 저렴한 물건을, 감당할 만한 수준의 레버리지를 이용해서 오랜 기간 보유하라."

부동산은 지역도 시기도 종류도 다양합니다. 그래서 모든 부동산이 투자하기 좋은 부동산은 아닐 것입니다. 하지만 투자 결과는 투자 방식과도 큰 관련이 있습니다. 그래서 투자 대상을 잘 선택하는 것도 중요하지만 좋은 투자 방법에 관심을 기울이는 것도 매우 중요합니다.

적당한 기업을 적당한 가격에 사라

좋은 자산인 달러를 사고, 강남 아파트를 사고, 삼성전자를 산다고 무조건 큰돈을 벌 수 있을까요? 똑같이 달러 투자를 해도 어떤 사람은 FX 마진 거래 같은 위험한 방법으로 투자했다가 큰돈을 날립니다. 반면 저처럼 5년 동안 단 한 번도 돈을 잃지 않는 사람도 있습니다. 돈을 잃지 않으려면 어떻게 투자해야 할까요?

"탁월한 기업을 적당한 가격에 사라."

워런 버핏의 말입니다. 공감은 되지만 결정적으로 나는 '탁월한 기업'을 알지 못합니다.

"적당한 기업을 탁월한 가격에 사라."

이언투자자문의 박성진 대표가 워런 버핏의 말을 변형한 말입니다. 이 말 역시 공감은 되지만 저는 '탁월한 가격'이 얼마인지도 알지 못합니다. 한마디로 저는 투자 실력이 부족하다는 얘기입니다. 하지만 투자 실력이 부족하다는 이유로 투자를 그만둘 수는 없습니다. 투자는 경험이 쌓이면 실력도 쌓입니다. 그러므로 투자하지 않을수록 불리해집니다. 투자를 시도하면 '실패할 수도' 있지만, 투자를 외면하면 그냥 '실패하게' 됩니다. 그래서 제가 생각하기에 투자 실력을 쌓으면서 돈도 잃지 않는 방법은 이것입니다.

"적당한 기업을 적당한 가격에 사라."

저는 투자 공부를 하면서 제 실력이 부족하고 투자에 재능이 없다고 느꼈습니다. 하지만 그렇다고 투자를 포기하지는 않았습니다. 그 대신 잃지 않는 안전한 주식 투자 방법을 고민해야 했고 연구를 거듭한 끝에 '세븐 스플릿'이라는 이름의 투자 시스템을 만들어 냈습니다. 이처럼 투자에 왕도는 없지만 공부하고 노력하면 나만의 투자 노하우가 생깁니다.

투자에서 중요한 것은
'어디에'보다 '어떻게'입니다.

2부

돈이 흘러넘치는 현금 흐름 시스템 만들기

3장

미국 주식에 재투자할 수 있는 달러 시스템

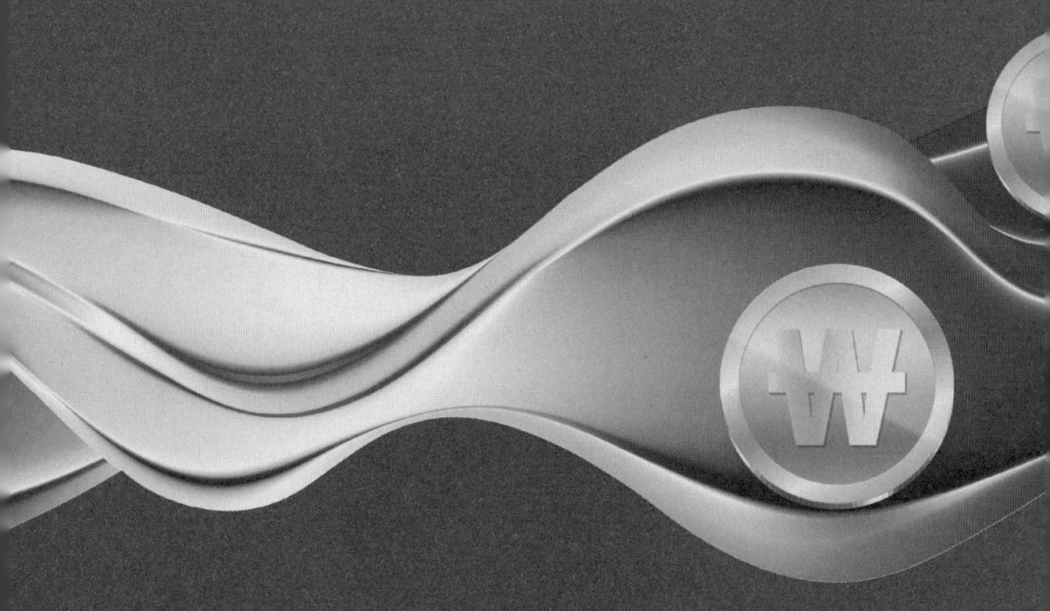

달러 투자는 부동산과 주식의 장점을 모두 가졌다

이전까지는 달러 투자가 자산을 배분할 때나 투자 헤지의 수단으로 이용됐습니다. 환전 수수료가 비싸서 장기적인 투자만 가능했고 거래 방법도 제한적이고 복잡해서 부자들이나 하는 투자라는 인식이 강했죠.

하지만 세상이 바뀌었습니다. 해외 주식에 투자하는 사람이 늘어나면서 달러 수요도 함께 증가했고 은행이나 증권사에서는 경쟁적으로 환전 수수료를 낮추기 시작했습니다. 해외 주식을 사려면 원화를 달러로 바꿔야 하는데, 이 환전 과정에서 수수료가 너무 비싸면 투자 접근성이 떨어지기 때문입니다. 그래서 이제 달러 투자는 장기적인 투자뿐만 아니라 단기 트레이딩도 가능해졌습니다. 누구나 수익을 낼 수 있는 쉬운 투자가 된 것입니다. 하지만 이런 변화가 일어난 지는 불과 몇 년밖에 되지 않은지라 아직도 많은 사람이 달러 투자를 생소하게 생각합니다. 새로운 투자 기회를 놓치고 있는 셈입니다.

가격 하나만 생각하면 되는 간단한 투자

부동산처럼 거래 비용이 크고 환금성이 낮은 자산은 장기 투자에 적합합니다. 주식처럼 비교적 거래 비용이 작고 환금성이 좋은 자산은 장기 투자는 물론 단기 트레이딩으로도 수익을 얻을 수 있습니다. 그런데 달러는 이 두 자산의 장점을 동시에 가집니다. 부동산처럼 변동성이 크지 않아 안정적이고 주식처럼 거래 방법도 간단합니다. 그래서 이 특성을 잘 이용하면 장기적인 투자는 물론 단기적인 투자로도 좋은 수익을 얻을 수 있습니다.

달러는 그 자체가 돈이기 때문에 환금성은 고민할 필요도 없이 좋습니다. 투자 대상 역시 '미국 달러'로 정해져 있어 무엇을 살지에 대한 고민도 없습니다. 오직 얼마에 거래해야 하는지만 생각하면 돼서 간단합니다. 이것이 제가 달러 투자를 '세상에서 가장 쉬운 투자'라고 주장하는 이유입니다.

투자는 자칫 소중한 돈을 잃을 수도 있는 위험한 행위입니다. 하지만 그중에서 실거주용 부동산 투자가 비교적 안전하듯이 달러 투자 역시 비교적 안전한 투자 자산입니다. 실거주용 부동산에 투자하는 것이 안전한 이유는 강력한 효용성에 있습니다. 손실 상황에서도 '실거주'로 활용이 가능합니다. 달러 투자 역시 손실 상황에서 '실사용'으로 활용이 가능합니다. 달러는 심지어 원화보다 더 많은 곳에서 사용이 가능한 돈인지라 해외 주식이나 부동산 같은 달러 표시 자산에 재투자를 할 수 있습니다.

주식이나 부동산은 인플레이션에 의해 가격이 우상향한다는 특성 때문에 자칫 매수 타이밍을 놓치게 되면 좋은 투자 기회를 영영 놓쳐 버릴 수도 있습니다. 하지만 달러 투자는 그럴 일이 없습니다. 달러 투자에 있어 가장 중요한 의사 결정은 '얼마에 사서 얼마에 파느냐'입니다. 거래의 가격이 가장 중요하다는 얘기입니다.

그렇지만 좋은 가격에 사거나 팔 타이밍을 잘 맞추지 못해도 괜찮습니다. 달러 투자는 원화와 달러의 교환 비율에 따라 손익이 결정되기 때문에 한없이 우상향하지도 않고 우하향하지도 않습니다. 일정한 범위 내에서 계속 등락하는 구조입니다. 따라서 자칫 좋은 가격의 타이밍을 놓치더라도 다음 기회가 올 때까지 기다리면 그만입니다.

달러 투자는 '무엇을' 사야 할지 고민할 필요도 없고 '언제' 사야 할지도 크게 고민하지 않아도 돼서 비교적 마음이 편한 투자입니다. 더욱이 싸게 사서 비싸게 팔아 수익을 낸다는 투자의 메커니즘은 주식이나 부동산 투자와도 다르지 않아서 투자의 기초를 다지는 데에도 대단히 유용합니다.

투자,
이왕이면 쉽고 간단한 달러 투자부터 시작하세요.

1년 예금 이자를 단 몇 분 안에 얻는 법

달러 투자를 주저하는 많은 사람의 머릿속에는 이런 생각이 들어 있을 것입니다.

'환전했다가 환율이 떨어지면 어떡하지?'

만약 이런 생각 때문에 투자를 망설인다면 어떤 투자를 하든 어려움을 겪을 것입니다. 이런 걱정이 앞서면 어떻게 해야 할까요? 투자를 하면 안 되는 걸까요? 답은 생각보다 간단합니다. '잃지 않는 투자'를 하면 됩니다. 그래서 저는 이제 막 투자를 시작하는 사람들에게 달러 투자를 먼저 경험해 보라고 말합니다. 현존하는 거의 모든 투자 대상 중 가장 안전하기 때문입니다.

초보자에게 달러 투자를 추천하는 이유

달러는 변동성이 낮기 때문에 손실 상황이 발생해도 비교적 견딜 만합니다. 게다가 변동폭마저 작습니다. 원 달러 환율의 역사를 통틀어서 환율이 가장 낮았을 때는 700원 수준이었고 가장 높았을 때는 1,700원 수준이었습니다.

2022년 상반기를 기준으로 최근 1년 동안 환율이 가장 낮았을 때가 1,080원 수준이고 가장 높았을 때가 1,200원 수준입니다. 1년 중 가장 높은 가격인 1,200원에 달러를 사도 손실률은 10% 수준밖에 되지 않는다는 얘기입니다. 단 하루 만에도 70%에 육박하는 손실이 발생할 수 있는 주식 투자와 비교하면 상당히 안정적인 투자라고 할 수 있습니다.

투자는 돈으로 돈을 버는 일입니다. 1,000원에 산 달러를 1,010원에 팔면 약 1%의 수익을 얻을 수 있습니다. '겨우 1%라고?' 하는 생각이 들 수도 있지만 1년을 기다려야 얻을 수 있는 은행의 이자 수익률과 비교하면 하루 이틀, 운이 좋으면 단 몇 분 만에도 달성 가능하다는 점에서 이 1%의 수익률은 결코 작지 않습니다.

투자는 기본적으로 위험에 노출돼 있고 위험의 크기가 클수록 기대 수익률 또한 높습니다. 따라서 투자를 잘하고 싶다면 수익률을 높이려는 노력보다 위험을 줄이는 노력을 하는 것이 더 합리적이라 할 수 있습니다.

투자 위험을 줄이는 두 가지 방법

투자를 하면서 위험을 줄이는 방법은 크게 두 가지입니다.

첫 번째 방법은 투자금을 줄이는 것입니다. 적게 투자하면 적게 얻지만 반대로 잃더라도 적게 잃습니다. 잃어도 괜찮을 만한 금액을 투자하라는 말을 들어 봤을 겁니다. 이는 위험의 크기를 줄이라는 말이기도 합니다.

두 번째 방법은 싸게 사는 것입니다. 투자 자산의 가격은 수요와 공급의 원칙에 따라 움직이기도 합니다. 그래서 부동산이든 주식이든 매수세가 몰리면 가격이 오르고 거품도 발생합니다. '달리는 말에 올라타라'는 말이 있습니다. 사람들의 관심이 커졌을 때 투자하면 가격이 추가적으로 상승할 가능성이 크다는 의미입니다. 하지만 가격이 오를 때 투자하는 것은 더 큰 수익을 얻을 수도 있지만 그만큼 위험한 일이기도 합니다. 거품이 꺼지고 가격이 하락하기 시작하면 이 역시 수요와 공급의 법칙에 따라 실제 가치보다 더 크게 하락하는 경우가 많기 때문입니다. 따라서 욕심을 버리고 가격이 낮을 때 사는 것이 투자의 위험을 줄이는 방법입니다.

지금까지의 얘기를 모두 종합하면 이렇습니다. 돈을 잃을까 봐

두려워서 투자를 망설이고 있다면 달러처럼 안전한 자산을 소액으로 싸게 사는 것부터 시작해 보기 바랍니다. 비록 그 수익이 보잘것없을지라도 잃는 것에 대한 두려움은 떨쳐 낼 수 있습니다. 뿐만 아니라 투자의 메커니즘까지 공부할 수 있으므로 투자 실력을 키울 수 있습니다.

투자는 '아는 것'보다
'하는 것'이 더 중요합니다.

달러와 주식으로 만드는 무한 수익 시스템

저는 카지노에서 도박을 하면서 투자에 눈을 떴습니다. 그동안 투자는 모두 도박이라고 생각해 왔는데 막상 진짜 도박을 경험하고 나니 투자는 도박과 다르다는 깨달음을 얻었죠. 제가 카지노를 다니면서 폐인이 되거나 패가망신을 하지 않고 오히려 돈을 딸 수 있었던 비결은 도박을 투자처럼 했기 때문입니다. 그리고 그전까지 주식 투자로 돈을 잃었던 이유는 주식 투자를 도박처럼 했기 때문이었습니다. 저는 도박과 투자의 차이를 알게 됐습니다. 이 차이를 달러 투자, 주식 투자에 적용하여 기본적인 투자의 철학도 갖게 됐습니다. 그렇다면 도박과 투자는 무엇이 다를까요?

손실을 수익으로 역전시키는 롱숏 전략

먼저 도박이 어떤지 살펴보겠습니다. 동전을 던져서 앞면과 뒷면 중 어느 면이 나올지 예측해서 돈을 거는 도박이 있습니다. 만약 동전의 앞면에 100만 원을 베팅했는데 뒷면이 나오면 돈을 잃습니다. 그리고 끝입니다. 더 이상 아무것도 할 수 없습니다. 단 한 번의 선택으로 100만 원을 잃게 됩니다. 이번에는 앞면과 뒷면 모두 100만 원씩 베팅해 보겠습니다. 앞면이 나오든 뒷면이 나오든 결과는 본전입니다. 한마디로 쓸데없는 일입니다.

투자는 이런 도박과 전혀 다른 메커니즘을 갖고 있습니다. 동전의 앞면과 뒷면에 모두 투자를 했다고 가정해 보겠습니다. 동전을 던졌더니 앞면이 나왔습니다. 앞면에 투자한 돈은 2배가 됐고 뒷면에 투자한 돈은 손실이 납니다. 하지만 뒷면에 투자한 돈을 실현하지 않으면 그것은 평가 손실일 뿐 실제로 손실이 확정된 것은 아닙니다. 그리고 동전을 얼마든지 더 던질 수 있습니다. 계속 던지다가 뒷면이 나오면 수익을 얻게 됩니다. 투자에서는 값이 떨어지더라도 수익을 실현하지만 않으면 손실이 확정되지 않기 때문입니다.

예를 들어 삼성전자 주식이 1주에 5만 원일 때 100만 원을 투자했다고 가정해 보겠습니다. 어느 날 주가가 폭락해서 1주에 3만 원이 된다면 돈을 잃은 것일까요? 이때 주식을 팔았다면 평가 손실이 확정 손실이 되므로 돈을 잃었다고 볼 수 있습니다. 하지만 팔지 않았다면 실제로는 아무 일도 일어나지 않은 것과 같습니다. 내가 산 삼성전자 20주는 회사가 망하지 않는 한 절대 사라지지 않으니까요. 기다리다 보면 3만 원으로 하락했던 주가가 다시 5만 원으로 회복할 수도 있고 10만 원으로 상승할 수도 있습니다.

그렇다면 이 상황에서 주가가 다시 상승하려면 어떤 전제 조건이 충족돼야 할까요? 삼성전자가 더 많은 돈을 벌고, 회사의 가치가 상승해야 합니다. 그러면 주가도 그에 따라 상승할 것입니다.

결론적으로 도박은 앞면과 뒷면 중 어느 한 곳에만 베팅해야 수익을 얻을 수 있지만, 투자는 앞면과 뒷면에 모두 투자해도 수익을 얻을 수 있습니다. 투자는 잘못된 선택을 하더라도 투자 대상의 가치가 완전히 사라지지만 않으면 시간이라는 무기를 활용해 평가 손실을 확정 수익으로 역전시킬 기회가 있습니다. 이 개념을 '롱숏 전략'이라고 합니다. 가격이 서로 반대로 움직이는 자산에 둘 다 투자해 안전한 투자 시스템을 만드는 개념입니다.

달러 투자와 국내 주식 투자를 병행하라

저는 롱숏 전략으로 달러에 투자해서 큰돈을 벌 수 있었습니다. 달러를 산다는 것은 원화 가치가 떨어지는 데 베팅하고 동시에 달러 가치가 상승하는 데에도 베팅하는 행위라고 할 수 있습니다.

원 달러 환율이 상승한다는 것은 원화의 가치는 하락하고 달러의 가치는 오른다는 뜻입니다. 따라서 적당한 시점에 수익을 실현하고 이것을 반복하다 보면 원 달러 환율이 하락하든 상승하든 그 어떤 순간에도 수익을 얻는 상황을 만들 수 있습니다.

그리고 이것보다 더 공격적인 롱숏 전략도 있습니다. 보통 원 달러 환율이 상승하면 우리나라의 주식 시장은 주가가 하락합니다. 반대로 환율이 하락하면 주가는 상승하는 경우가 많습니다. 그 이유는 우리나라의 주식 시장이 외국인 투자자의 포지션에 영향을 받는 경우가 많기 때문입니다. 외국인들이 우리나라의 주식을 팔면 달러 수요가 증가하고 우리나라의 주식을 사면 원화 수요가 증가하여 환율에 영향을 끼칩니다.

그래서 저는 달러 투자와 국내 주식 투자를 병행합니다. 이것 역시 서로 반대로 움직이기 때문에 일종의 롱숏 전략이 가능합니다. 원 달러 환율이 오를 때는 미리 사 놓은 달러를 매도해서 수익을 얻습니다. 그리고 그 수익으로 값이 하락한 주식을 삽니다. 시간이 지나서 주가가 상승하면 수익 실현을 하는데, 이때 원 달러 환율은 다시 하락해 있는 경우가 많으므로 주식으로 번 돈으로 다시 달러를 삽니다. 이렇게 하면 원 달러 환율이 상승하든 하락하든, 주가가 상승하든 하락하든 그 어떤 순간에도 수익을 얻을 수 있는 구조가 만들어집니다.

물론 이 방법은 한쪽에 투자하는 것보다는 수익이 적을 수밖에 없을 것입니다. 하지만 아무리 낮은 수익률이라도 수익에 수익이

곱해지는 복리의 마법이 일어나면 수익은 커질 수밖에 없음을 명심합시다.

더 얻는 것보다
덜 잃는 게 낫습니다.

달러 투자로 시장 수익률의 17배를 얻다

저는 2018년에 달러 투자로 시장 수익률의 17배에 달하는 수익을 얻었습니다. 만약 제가 2018년 1월 1일에 달러를 사서 2018년 12월 31일에 팔았다면 수익률은 5.7% 정도였을 것입니다. 하지만 저는 그 기간 동안 0.3%에서 1% 사이의 작은 수익률을 얻는 거래를 반복한 덕분에 총 100%가 넘는 수익률을 달성할 수 있었습니다.

평균 0.5%밖에 안 되는 수익률들이 모여 100% 이상의 수익률이 된다는 것이 어찌 보면 어려워 보일 수도 있습니다. 하지만 어려울 것 없습니다. 일평균 0.5%의 수익을 한 달에 20일 동안 일으킨다면 10%가 되고, 이를 10개월 동안 반복하면 달성 가능한 수익률입니다. 여기에 복리의 마법까지 일어난다면 그 기간은 3개월 정도 더 줄어듭니다.

제가 달러 투자를 한 2018년에는 1년 동안 달러의 가격이 등락을 거듭하면서 최저 1,050원 선까지 하락했다가 최고 1,140원 선까지 올랐습니다. 1월부터 6월까지는 비교적 낮은 가격대에서 등락을 거듭하다가, 7월에 비교적 크게 상승하고 다음 해 1월까지 비슷한 가격대에서 역시 등락을 거듭했습니다. 만약 7월 초에 달러를 매수해서 내년 1월까지 팔지 않고 있었다면 아마 수익률은 0%였을 것입니다. 6개월 전과 후의 달러 가격이 비슷했기 때문입니다.

달러의 가격은 일정한 가격대에서 오르내리기를 반복하기 때문에 매수를 한 후 기다리면 매도 기회가 찾아왔고, 매도 후에 또 기다리면 매수 기회가 찾아왔습니다. 거래 하나하나는 수익률이 작지만 반복해서 쌓았기 때문에 큰 수익을 만들 수 있었습니다.

강대국의 돈을 갖고 있다는 안정감

제가 끈기 있게 달러 투자를 할 수 있었던 비결 중 하나는 '달러가 곧 돈'이라는 고유한 특성 덕분이기도 합니다. 달러를 매수할 땐 스스로를 미국인이라고 생각했습니다. 그래서 원화를 매도한다고 생각한 것입니다. 반대로 달러를 매도할 땐 미국인인 내가 원화를 전량 매수했다고 생각했습니다.

달러 투자와 주식 투자를 병행하면서도 이 같은 마인드를 가졌습니다. 달러가 많을 땐 미국 주식의 현금 비중이 올라가고, 원화 보유량이 많을 땐 한국 주식의 현금 비중이 올라갑니다. 그러니까 항상 현금 비중이 높을 수밖에 없는 상황이 연출됐습니다. 이런 생각 덕분에 어쩌다 달러를 전량 매도하게 되더라도 가격이 다시 낮아질 때까지 기다리는 일이 그리 어렵지 않았습니다.

워런 버핏은 "좋은 공이라고 생각할 때만 방망이를 휘둘러야 한다"라고 말했습니다. 달러 투자는 방망이를 휘두르지 않고도 볼 4개로 느긋하게 걸어서 출루할 수 있는 상황이라고 할 수 있습니다. 원 달러 환율 변동은 일중 변동폭이 작고 움직임도 느리지만, 일간 변동폭은 그에 비해 크다는 특성이 있습니다. 그리고 달러는 비트코인처럼 전 세계적으로 24시간 거래가 이뤄지기 때문에 가격 변동이 주식 거래의 4배나 되는 시간 동안 움직입니다. 자고 일어나면 가격이 크게 변해 있는 이유가 이것 때문입니다.

저는 달러 투자에 대한 확고한 믿음이 있어 달러를 대량 매수했습니다. 만약 원화 가치가 크게 상승해서 손실이 커지더라도 그냥 미국으로 이민을 가면 되는 것 아니냐는 생각이 들자 공격적인 투자를 할 수 있었습니다. 한마디로 '달러 투자에 실패한다'는 것이 그리 절망적인 상황은 아니었던 것입니다.

사실 미국 사람은 거의 모든 현금 자산을 달러로만 갖고 있을 것이고 원화 가치에 대해서는 별로 관심이 없을 것입니다. 우리나라 사람들이 터키의 리라 가치가 폭락했을 때 터키로 여행을 가서 쇼핑할 생각이나 했지 터키의 경제적 손실을 걱정하지 않았던 것처럼 말입니다. 안전하고 변동성이 낮은 투자는 수익률이 작습니다. 하지만 그것을 반복할 수 있다면 큰 수익을 만들어 낼 수 있습니다.

달러 투자는 거의 유일하게
잃지 않는 안전한 투자입니다.

달러 투자는 사고팔아야 할 때가 명확하다

달러 환전은 대단히 안전한 행위입니다. 한국에서만 사용할 수 있는 원화를 북한에서도 사용할 수 있을 만큼 범용성이 큰 미국 달러로 바꾸는 일이니까요. 투자의 기본이 쌀 때 사서 비싸게 파는 것이라면, 달러 투자는 비쌀 때 사지만 않으면 되는 세상에서 가장 쉬운 투자입니다.

그렇다면 달러의 가격이 쌀 때는 언제일까요? 짚고 넘어갈 부분은 가격이 싸다는 것과 가치가 낮다는 말이 서로 비슷해 보이지만 다르다는 것입니다. 가격이 싸다고 가치가 낮은 것은 아닙니다. 투자란 가격과 가치의 괴리를 이용해서 차익을 얻는 행위인데, 가격과 가치가 항상 일치하면 싸게 사서 비싸게 파는 것 자체가 불가능합니다.

예를 들어 10억 원의 가치를 지닌 아파트를 5억 원에 삽니다. 언젠가 아파트의 가격이 가치에 수렴하면 5억 원의 차익을 얻을 수 있습니다. 하지만 똑같은 아파트를 15억 원에 샀다면 가격이 가치에 수렴할 때 오히려 손실을 입습니다. 그러므로 수익을 얻기 위해서는 가격과 가치의 괴리가 벌어지기를 기다려야겠죠.

부동산의 가치는 인플레이션에 의해 우상향하는 특성이 있습니다. 실제 가치보다 좀 더 비싸게 사더라도 시간이 흐르면 자연스럽게 가치가 상승합니다. 이런 특성 덕분에 부동산 투자가 다른 투자에 비해 좀 더 수월할 수 있는 것입니다.

달러 가치가 내려가는 시그널

원 달러 환율도 두 화폐의 가치와 가격이 등락할 때 투자 기회가 생깁니다. 우리는 원화로 월급을 받고 집을 사고 음식과 옷을 삽니다. 원화로 생활하는 우리에게 원화의 가치는 인플레이션에 의해 달라질 수는 있지만 원화의 가격은 일정합니다. 1만 원은 그냥 1만 원이고 5만 원은 그냥 5만 원입니다. 1,000원으로 1달러를 살 수 있다고 할 때, 이것을 원화 기준으로 생각하면 1,000원으로 2달러를 사는 것은 매우 싸게 샀다고 볼 수 있겠죠.

물론 우리나라의 경제가 크게 성장해서 원화 가치가 상승한다면 얘기는 달라집니다. 외국에서 맥도날드 햄버거 세트를 사 먹는다고 가정해 봅시다. 햄버거 세트의 가격이 원화로는 1,000원이고 달러로는 4달러라면 어떨까요? 이때는 1,000원으로 2달러를 사는 것을 싸다고 볼 수 없습니다. 한마디로 달러를 언제 사야 하는지 알기 위해서는 달러의 가치와 가격을 제대로 알아야 합니다. 1,000원이라는 가격은 일정하게 정해져 있지만 1,000원이 지닌 가치는 변할 수 있다는 뜻이기도 합니다. 만약 1,000원 혹은 1달러로 햄버거를 사 먹을 수 있었는데, 시간이 흘러 1,000원으로 2달러를 살 수 있게 된다면 어떨까요? 1,000원의 가치는 햄버거 2개를 살 수 있는 만큼 상승한 것입니다.

많은 사람이 달러 투자를 어렵고 복잡하게 생각합니다. 그 이유는 가치와 가격의 괴리가 달러뿐만 아니라 원화에서도 발생하기 때문입니다. 하지만 이런 괴리는 달러 투자뿐만 아니라 거의 모든 투자에서 공통적으로 나타납니다. 1,000원으로 햄버거 2개를 사 먹을 수 있을 때 아파트 가격이 10억 원이었는데 1,000원으로 햄버거를 1개만 사 먹을 수 있는 지금도 아파트 가격이 10억 원이라면 아파트를 싸게 샀다고 할 수 있을 것입니다.

다만 달러 투자는 인플레이션보다는 국내 정치, 경제, 사회적 상황에 더 영향을 받습니다. 북한이 미사일을 쏘아 올렸다고 해서 당장 버스 요금이 오르지는 않지만 달러 가격은 오를 수 있습니다. 어제까지는 1달러가 1,200원이었는데, 해당 뉴스가 보도되고부터는 1,210원을 줘야 할 수도 있습니다. 이런 달러 투자의 메커니즘을 이해하면 달러를 언제 사야 하는지 감이 잡힐 것입니다. 달러의 가격은 원화의 가치 등락에 따라서도 달라지지만 달러 자체의 가치 등락에 의해서도 달라집니다. 원화 가치는 그대로인데 미국에 심각한 경제 위기가 발생하면 어떻게 될까요? 달러의 가치는 하락하고 결국 달러의 가격, 그러니까 원 달러 환율도 하락할 것입니다.

달러 투자는 그때그때 수익을 실현해도 괜찮다

우리나라에서만 사용할 수 있는 원화를 전 세계에서 사용할 수 있는 달러로 환전하는 일은 그 값이 비싸지만 않다면 매우 안전한 투자가 됩니다. 하지만 이 말을 반대로 하면 달러를 원화로 바꾸는 일은 위험할 수도 있다는 뜻이 됩니다.

한국인이 원화 일부를 달러로 바꾸는 행위는 흔히 '자산 배분', '경제 리스크 헤지 행위'라는 평가를 받습니다. 하지만 반대로 미국인이 달러 일부를 원화로 바꾸는 행위는 '고위험 투자 리스크를 감수하는 일'로 평가받을 것입니다. 따라서 달러를 팔 땐 살 때보다 더 신중해야 합니다.

물론 이것은 장기적인 투자를 할 때나 해당되는 얘기입니다. 환차익을 목적으로 달러 단기 트레이딩을 한다면 오직 원화 수익에만 집중하면 됩니다. 투자의 목적 자체가 투자 리스크 헤지가 아닌 '수익'에 있기 때문입니다. 실현하지 않은 손실은 확정된 것이 아니듯 실현하지 않은 수익도 확정된 것은 아닙니다. 팔지 않았다가 손실을 보는 것보다는, 이익을 얻고 판 뒤에 가격이 더 올라 후회하는 것이 훨씬 낫습니다.

장기 투자와 단기 트레이딩은 두 가지 방식 모두 복리 수익을 얻을 수 있지만 그 방식과 개념이 조금 다릅니다. 장기 투자가 시간을 무기로 복리의 마법을 부리는 개념이라면 단기 트레이딩은 거래의 횟수를 무기로 합니다.

장기 투자를 한다면 예를 들어 1,000원이었던 원 달러 환율이 1,200원으로 오를 때까지 기다립니다. 투자금 1,000만 원으로 산 1만 달러가 1,200만 원이 돼 약 20%의 수익을 얻을 수 있습니다. 하지만 환전하기 전에 다시 1,000원으로 돌아온다면 수익은 사라집니다. 장기적으로 보면 달러 투자는 금융 위기나 우리나라의 정치적, 사회적 위기 국면에서 리스크를 헤지할 때 유용합니다. 하지만 자산을 키우는 데에는 한계가 있습니다.

같은 상황에서 단기 트레이딩을 병행하여 중간중간 수익 실현을 해 간다면 수익을 키울 수 있습니다. 원 달러 환율은 한없이 우상향하지도 우하향하지도 않습니다. 따라서 하락 추세를 타고 꾸준히 모아 가는 분할 매수 전략을 취한다면 추세가 바뀌어 상승했을 때 고스란히 수익을 실현할 수 있습니다.

장기적으로 우상향하지 않는 달러 자산의 특성상 더 큰 수익을 얻기 위해 팔지 않고 기다리는 것은 그리 바람직한 일이 아닙니다. 그러므로 일정 수준의 원화 수익이 발생했을 때 수익을 실현해야 합니다.

달러 가치가 떨어지면 사고,
달러로 수익이 나면 파세요.

달러 투자를 안 하면 손해인 세 가지 이유

하나, 전 세계에서 사용하는 기축 통화이다

달러는 기축 통화로써 슈퍼 초강대국인 미국이 보증하는 안전한 돈입니다. 우리나라는 수출 의존도가 높고 내수 시장의 규모가 상대적으로 작아서 환율의 영향을 많이 받습니다. 그래서 환율이 안정적인 레인지 안을 유지하려는 특성을 지니고 있습니다. 이런 특성을 이용하면 중간 지점 아래에서 사서 중간 지점 위에서 팔아 환차익을 얻을 수 있습니다. 또한 중간 지점 위로 오르더라도 기다리다 보면 다시 내려갈 때가 옵니다. 이처럼 투자 기회가 반복적으로 생기므로 수익도 반복해서 얻을 수 있습니다.

우리나라는 원 달러 환율이 너무 낮아서도 너무 높아서도 안 됩니다. 환율이 너무 높으면 수입하는 원자재의 가격이 상승하고 소비자 물가도 상승합니다. 그러면 소비 심리가 위축되면서 국내의 수요가 부진해지고 국가 경제가 위태로워집니다. 반대로 환율이 너무 낮으면 수출 기업들의 상황이 나빠질 수 있고 이는 일자리 감소로 이어져 경기가 위축됩니다.

그래서 정부는 환율이 국가 경제에 미치는 영향이 최소화되도록 국책 은행을 통해 외환 시장에 직간접적으로 개입해 왔습니다. 구두 개입뿐만 아니라 대량으로 달러를 매도하거나 매수하면서 끊임없이 대응합니다. 하지만 너무 깊이 개입하면 미국으로부터 환율 조작국으로 지정됩니다. 그러면 크나큰 경제 위기가 발생할 수 있어 눈치를 보며 진퇴양난의 상황에 처하는 경우도 많습니다.

달러 투자는 안전한 투자이면서 대한민국 경제 발전에 기여하는 좋은 투자입니다. 환율이 낮아지면 달러 매수량이 증가하고, 환율이 높아지면 달러 매도량이 증가되는 구조가 끊임없이 반복됩니다. 그러면 환율은 상승했다가도 다시 낮아지고, 하락했다가도 다시 상승하면서 안정화를 이룹니다. 개인이 하는 달러의 단기 트레이딩이 환율의 안정화에 도움이 되는 것입니다.

둘, 모든 투자 대상 중 거래 비용이 가장 낮다

달러 투자는 현존하는 모든 투자 대상 중에서 거래 비용이 가장 낮습니다. 엄청난 중개 수수료와 취득세, 보유세, 양도세가 부과되는 부동산 투자와는 비교조차 할 수 없습니다. 주식 투자와 비교해도 3분의 1 수준입니다. 주식 투자는 거래 수수료와 증권 거래세를 합하면 100만 원의 투자금을 기준으로 약 3,000원의 거래 비용이 발생합니다. 이에 비해 달러 투자는 환전과 재환전 수수료가 약 1,000원 정도입니다. 게다가 세금도 전액 비과세됩니다. 변동성이 낮음에도 불구하고 달러 투자가 단기 트레이딩에도 적합한 이유는 거래 비용이 적게 들기 때문입니다.

셋, 기회비용이 발생하지 않는다

달러 투자는 돈으로 돈을 사는 행위입니다. 따라서 투자의 위험성 중 하나인 '돈이 특정 자산에 묶여서 생기는 기회비용'이 발생하지 않습니다. 미국 주식에 투자하기 위해 달러를 사는 것과 달러 투자를 위해 미국 주식을 사는 일은 비슷해 보이지만 다른 일입니다. 주식이나 부동산에 투자하면 수익이 날 때까지 기다리는 동안 기회비용이 발생합니다. 하지만 달러는 그 자체가 돈이기 때문에 주식, 부동산, 금에 재투자해 기회비용을 보전할 수 있습니다. 이런 특성은 달러 투자가 장기 투자에도 적합한 이유입니다.

달러 투자의 유일한 단점은
비쌀 때는 살 수 없다는 것 하나뿐입니다.

달러 투자로 월 100만 원, 돈 버는 우물 만들기

주식 단기 트레이딩은 수익을 빠르게 올릴 수 있다는 장점도 있지만 위험하다는 단점도 동시에 지닙니다. 당장 3% 정도의 작은 수익을 얻으려다 장기적으로 자금이 묶이는 사태가 발생할 수 있기 때문입니다. 그러면 기회비용이 걷잡을 수 없이 커질 것이고, 이를 해결하기 위해 손절매를 하면 평가 손실이 확정 손실로 바뀌면서 결국 투자 실패로 이어집니다. 이 과정에서 발생하는 약 0.3% 정도의 거래 비용을 더하면 손실은 더 커집니다.

하지만 달러 투자는 주식 투자와 성격이 다릅니다. 우선 평가 손실이 발생해도 이를 미국 주식에 재투자할 수 있어 기회비용이 최소화됩니다. 운이 좋으면 미국 주식의 가격이 올라서 더 큰 수익을 얻을 수도 있겠죠. 달러를 너무 비싸게만 사지 않는다면 손절매를 할 필요도 없습니다. 달러 가격은 곧 다시 오를 테니까요. 또한 거래 비용도 0.1% 정도밖에 되지 않습니다. 다른 투자와 비교하면 단기 트레이딩에 적합한 투자 대상이 아닐 수 없습니다.

20번의 거래로 월 100만 원을 만들다

하지만 달러 투자는 투자금의 규모가 일정 수준 이상이 돼야 유의미한 수익을 얻을 수 있습니다. 강점이자 약점인 '낮은 변동성' 때문입니다. 단기 트레이딩의 관점에서 달러 투자의 기대 수익률은 회당 약 0.5% 정도입니다. 1,000달러를 투자해서 약 5원의 환차익이 생겼을 때 수익을 실현하면 약 5,000원의 수익을 얻습니다. 단순하게 계산하면 달러 투자로 월 100만 원을 얻기 위해서는 이런 식의 투자를 한 달에 200번 성공시켜야 한다는 결론에 도달합니다.

앞에서도 언급했듯이 달러 투자는 기회비용이 낮기 때문에 평가손실을 손익에 산정시키지 않아도 됩니다. 그래서 오로지 수익 실현을 통한 현금 수익에만 집중할 수 있습니다. 그럼에도 불구하고 한 달 동안 200번의 수익을 실현하는 일은 불가능에 가까운 일처럼 느껴질 수 있습니다.

이때 투자금의 규모를 10배 올리면 어떻게 될까요? 1만 달러를 투자한다면 한 달에 20번만 수익을 실현하면 됩니다. 이 정도면 언뜻 달성 가능한 숫자로 보입니다. 그리고 실제로 제 경험상 이 정도의 수익은 충분히 실현할 수 있었습니다. 하지만 달러 투자가 처음이라면 한 달 동안 20번의 수익을 실현하는 것이 그리 쉬운 일은 아닐 것입니다.

그렇다면 방법은 아주 간단합니다. 투자 금액을 2배로 올리는 것입니다. 2만 달러를 투자해서 0.5%의 수익을 10번 정도 얻으면 월 100만 원을 얻을 수 있습니다. 저는 한 번에 10만 달러를 투자해서 약 0.5%의 수익을 실현했고 하루에 50만 원의 수익을 얻습니다. 이런 투자를 한 달에 두 번만 성공해도 월 100만 원의 수익을 얻을 수 있는 것입니다. 변동성이 낮고 안정성이 높은 투자 대상은 투자 규모를 늘리거나, 투자 횟수를 늘리거나, 아니면 둘 다 동시에 늘렸을 때 더 큰 수익을 얻을 수 있습니다.

물론 이렇게 공격적인 투자가 가능하려면 환율이 낮을 때 환전해야 합니다. 단기 트레이딩을 시도하다가 이른바 물리는 상황이 발생하더라도 심리적 안정을 유지하고 비교적 빠르게 투자금을 회수해야 하니까요. 그렇다면 1만 달러의 투자 자금과 20번의 수익 실현이 가능한 투자 실력을 갖추기만 한다면 월 100만 원의 수익을 얻을 수 있는 걸까요? 고려해야 할 변수가 있습니다. 내가 사면 오르고, 내가 팔면 내리는 귀신같은 능력이 있지 않은 이상 지속적인 수익 실현을 위해서는 추가 매수가 필요합니다. 20번의 추가 매수를 하는 동안 단 한 번도 수익 실현을 하지 못하는 상황이 발생할 수도 있고, 5번의 추가 매수 후 해당 가격대에서 박스권이 형성될 수도 있습니다. 반대로 갑작스럽게 환율이 폭등하면 보다 빠르게 기대 수익을 달성하고 초과 수익까지 만들어 낼 수 있습니다. 이처럼 달러의 단기 트레이딩은 시장 상황에 따른 변수가 아주 많이 작용하기 때문에 기대 수익을 미리 산정하는 것이 매우 어렵습니다.

그럼에도 불구하고 개인적인 경험에 따라 대략적인 수치를 제시하자면 1만 달러를 20번 정도 분할 매수할 수 있는 자금이 있다면 안정적으로 월 100만 원의 수익을 달성할 수 있다고 봅니다. 물론 모든 투자가 그렇듯이 시장 상황과 개인의 투자 실력에 따라 차이는 생길 수밖에 없습니다.

지금까지의 얘기를 종합해 보겠습니다. 달러 투자로 월 100만 원을 벌기 위해서는 1만 달러 단위로 한 달에 20번 정도 추가 매수를 할 수 있는 약 20만 달러의 투자 자금이 필요하며 회당 약 0.5% 정도의 수익을 실현해야 합니다.

연간 기대 수익률은 총 투자 자금 대비 6% 정도인데, 실질적인 기대 수익률은 이보다 더 크다고 할 수 있습니다. 왜냐하면 달러의 단기 트레이딩은 투자금이 전부 들어가지 않는 경우도 많고, 수익 실현을 더 자주 해서 더 큰 수익이 생길 수도 있으며, 미국 주식에 재투자해서 수익을 얻을 수도 있기 때문입니다.

저는 달러 투자로 연간 100%가 넘는 수익률을 달성한 적이 있습니다. 이처럼 달러 투자는 일반적인 기대 수익률은 낮지만 시장 상황에 따라 엄청난 수익률을 만들어 낼 수 있는 매력적인 투자입니다. 이것은 곧 기대 수익률의 하방은 견고하고 상방은 열려 있다는 뜻이기도 합니다.

일단 2,000만 원의 투자금으로
월 10만 원 만들기부터 시작해 보세요.
머지않아 월 100만 원이 흘러들어 올 겁니다.

4장

변동성과 배당 수익을 이용하는 주식 시스템

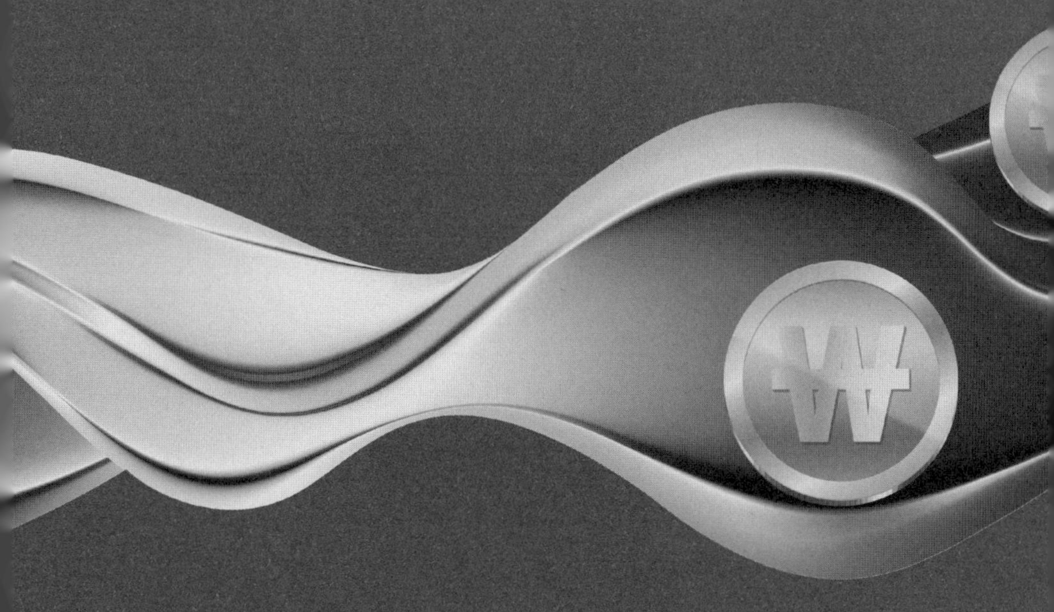

자포자기 심정으로 하는 물타기는 이제 그만

영화 〈올드보이〉의 주인공은 누군가에 의해 15년 동안 감금당합니다. 그리고 자신을 가둔 악당을 만나게 되자 그동안 자신을 왜 가뒀는지 묻죠. 그러자 악당은 "중요한 건 왜 풀어 줬냐죠!"라고 대답합니다. 그리고 이런 말을 덧붙입니다.

"틀린 질문만 하니까 맞는 답이 나올 수가 없잖아!"

주식 투자를 시작하는 대부분의 사람들이 궁금해하는 것 중 하나는 '언제 사느냐?'입니다. 투자 용어로는 '타이밍'이라고 합니다. 하지만 이 질문은 악당의 대사처럼 처음부터 잘못된 질문이므로 제대로 된 답을 하기가 어렵습니다. 정답에 가까운 유사 해답은 있습니다. 바로 '쌀 때' 사는 것입니다. 그러나 결정적으로 이 '쌀 때'의 기준이 명확하지 않습니다. 주식의 가치는 그 누구도 정확하게 파악할 수 없기 때문입니다. 회사의 자산, 영업 이익 등의 재무 데이터를 통해 대략적으로 파악할 수는 있으나 정량화할 수 없는 미래 가치까지 따져야 하므로 가치를 정확하게 파악한다는 것은 불가능한 일에 가깝습니다.

'쌀 때'를 가늠하는 또 하나의 방법은 시간을 기준점으로 삼는 것입니다. 오늘의 가격이 어제보다 싼지, 1년 전보다 싼지 비교하는 것입니다. 하지만 이 역시도 내일의 가격보다는 비쌀 수 있기 때문에 완벽하게 판단할 수는 없으며 고작해야 '비교적 싼' 정도를 알 수 있을 뿐입니다.

이렇듯 주식을 '언제 사느냐?'에 대한 질문의 답을 찾는 일은 매우 어려운 일입니다. 하지만 질문을 조금 바꿔 보면 정답을 찾을 수 있습니다. '언제 사야 하나요?'가 아니라 '어떻게 해야 싸게 살 수 있나요?'로 바꾸는 것입니다. 쌀 때 사야 한다는 것은 알고 있으니, 싸게 사는 법을 알면 됩니다. 그렇다면 어떻게 사야 주식을 싸게 살 수 있을까요? 유일한 방법은 '나눠 사는' 것입니다.

주식을 싸게 살 수 있는 엄청난 비결이나 노하우를 찾는 분이라면 크게 실망했을지도 모르겠습니다. 하지만 이 방법만이 평범한 사람이 주식을 싸게 사는 단 하나의 방법입니다. 종목 분석력, 통찰력, 혜안까지 갖춘 투자의 고수가 아니라면 그 누구도 부정할 수 없는 사실입니다.

내가 산 주식의 가격이 하락했을 때 이른바 '물타기'라고 부르는 비자발적인 추가 매수를 해 본 적 있나요? 아마 주식 투자를 꾸준히 해 왔다면 한 번쯤 해 봤을 것입니다. 하지만 이제부터는 물타기 대신 자발적이고 계획적인 추가 매수를 해 보기 바랍니다. 이것의 목표는 단 하나, 싸게 사는 것입니다.

전설적인 투자자 피터 린치는 《피터 린치의 투자 이야기》에서 이렇게 말했습니다.

"분할 적립식 투자는 상승장과 하락장에서 흔들리지 않도록 보호해 줄 것이다."

세계 최고의 주식 부자 워런 버핏도 비슷한 얘기를 했습니다.

"잘 아는 종목에 장기 투자 하라. 자신이 없다면 인덱스 펀드에 분할 투자 하라."

이 두 명의 투자 대가가 공통적으로 말하는 하나의 단어가 있습니다. 바로 '분할'입니다. 쉽게 말해서 나눠 사라는 얘기입니다. 이제부터는 투자할 종목을 선정하고, 주식을 '언제 사야 할지' 같은 잘못된 질문을 하는 우를 범하지 않길 바랍니다. 그 대신 '어떻게 나눠 사야 할지'를 고민할 차례입니다.

주식은 언제 팔아야 더 많이 벌까?

주식 투자는 기본적으로 쌀 때 사서 비싸게 팔아야 돈을 벌 수 있습니다. 우리가 좋은 종목을 찾으려고 노력하는 이유는 싸게 사지는 못하더라도 시간이 지나 주가가 오르면 더 비싸게 팔 수 있기 때문입니다. 이 논리대로라면 가능한 한 비싸게 파는 것이 주식 투자의 성패를 좌우한다고 할 수 있습니다.

하지만 주식의 저점을 예측할 수 없는 것처럼 주식의 고점도 예측할 수 없습니다. '내가 사면 내리고 내가 팔면 오른다'는 말이 괜히 있는 게 아닙니다. 가치 투자의 방식에 따르면 주식을 팔 때는 주가가 회사의 내재 가치에 수렴했을 때라고 합니다. 하지만 두 가지 문제가 있습니다.

1. 회사의 내재 가치에 부합된 주가가 얼마인지 모른다.
2. 회사의 내재 가치보다 더 높은 주가에 팔고 싶다.

회사의 적정 가치를 잘 파악해서 주식을 팔았지만 팔고 나서 더 오르는 경험을 한 적 있나요? 그러다 보면 적정 가치를 잘못 파악한 것이 아닌가 하는 불신이 생기고, 주가가 회사의 내재 가치와는 관계없이 움직일지도 모른다는 생각도 듭니다.

좋은 말로 '분할 매수', 나쁜 말로 '물타기'는 주식 투자를 하는 대부분의 사람들이 누가 가르쳐 주지 않았는데도 알아서 잘하는 기술입니다. 하지만 나눠 파는 '분할 매도'는 다릅니다. 분할 매도 후 주가가 오르면 남은 주식이 있어서 좋고, 주가가 내리면 다행히 수익을 실현한 주식이 있으면서 다시 살 수 있는 기회도 생겨서 좋습니다. 그런데도 많은 사람이 주가가 오르면 '팔지 말걸' 후회하고 주가가 떨어지면 '팔걸' 후회합니다. 이는 마치 '컵에 물이 반밖에 남지 않았네'와 '물이 반이나 남았네'의 차이처럼 마음가짐의 차이일 뿐입니다.

주식을 싸게 살 수 있는 가장 좋은 방법이 '나눠 사는 것'이라면 주식을 비싸게 팔 수 있는 가장 좋은 방법 역시 '나눠 파는 것'입니다. 그리고 '어떻게 나눠 사야 하는가?'가 중요하듯 '어떻게 나눠 파는가?' 또한 중요합니다.

기쁨은 나누면 배가 되고,
슬픔은 나누면 반이 되고,
주식은 나누면 수익이 됩니다.

배당주 투자로 월세 부럽지 않은 수익 만들기

주식을 팔지 않고도 꼬박꼬박 안정적인 수익을 얻을 수 있습니다. 바로 배당주 투자입니다. 그렇지만 초보 투자자는 배당을 해 주는 회사가 어디인지, 또 그 회사의 배당금 지급 내역은 어떻게 확인하는지 등 하나부터 열까지 모르는 것투성이입니다. 이 모든 것을 확인할 수 있는 사이트가 있습니다. 한국예탁결제원의 증권 정보 포털 '세이브로(https://seibro.or.kr)'입니다.

예를 들어 보겠습니다. '주식>배당정보>배당내역상세' 메뉴에 들어가 보세요. 그리고 '케이티앤지(KT&G)'를 검색해 보세요. 각 연도별로 주당 배당금(DPS)과 시가 배당률이 얼마였는지 확인할 수 있습니다. 케이티앤지의 주당 배당금은 2018년에 4,000원, 2019년에 4,400원, 그리고 2020년에는 4,800원으로 꾸준히 증가해 왔습니다. 시가 배당률 역시 2018년에는 3.94%였던 것이 2019년에는 4.69%, 그리고 2020년에는 5.78%로 계속해서 증가해 왔음을 확인할 수 있습니다.

내가 투자하고 싶은 회사의 배당금이 꾸준히 증가했는지 확인하고 싶다면 시가 배당률이 아니라 주당 배당금을 확인해야 합니다. 시가 배당률은 주가에 따라서 달라질 수도 있기 때문입니다. 만약 1주에 1만 원짜리 주식의 배당금으로 1,000원을 지급했다면 시가 배당률은 10%입니다. 하지만 주가가 하락해서 1만 원짜리 주식이 5,000원이 된다면 똑같이 1,000원의 배당금을 지급하더라도 시가 배당률은 20%가 됩니다.

배당 권리일을 놓치지 마라

연말이 되면 늘 등장하는 인기 검색어가 있습니다. 바로 '배당 권리일'입니다. 배당금을 지급하는 대부분의 회사들이 12월 말 결산 법인이기 때문에 12월 31일에 주주 명부에 올라간 주주들에게 배당금을 지급해 줍니다. 주주 명부에 올라가 있다는 것은 곧 주식을 보유하고 있다는 뜻입니다. 한마디로 이때까지 주식을 보유하고 있는 사람들에게 배당금을 지급해 주겠다는 의미입니다. 배당금을 받는 방법은 해당 회사의 주식을 그 회사에서 정한 날짜까지 보유하고 있기만 하면 됩니다. 그리고 배당금은 4월경 주식 계좌나 미리 정해 둔 은행 계좌로 입금됩니다.

이렇게 간단해 보이는데도 연말마다 배당 권리일이 인기 검색어에 등극하는 이유는 따로 있습니다. 그것은 바로 12월 말일에 주식을 보유하는 방법이 조금 복잡하게 계산되기 때문입니다. 주식을 매수하면 그날을 포함해서 '3거래일째' 되는 날에 대금 결제가 이뤄집니다. 즉 1일에 산 주식은 3일이 돼야 실제로 보유한 것이 되는 것입니다.

여기서 '3일'이라고 하지 않고 '3거래일'이라고 하는 이유도 눈여겨봐야 합니다. '거래일'은 주식 거래를 할 수 있는 날을 의미합니다. 우리나라를 포함한 대부분의 국가에서는 주식 거래일을 월요일부터 금요일까지로 지정하고 공휴일에는 거래하지 않습니다. 따라서 주식 시장이 개장하지 않는 토요일과 일요일, 그리고 공휴일을 제외하고 3일째 되는 날이 실제로 주식을 보유하는 날이 됩니다.

만약 12월 31일 화요일에 주식을 보유해야 한다면 3일 전인 12월 29일 일요일에 주식을 매수하는 것이 아니라 12월 27일 금요일 전까지 주식을 매수해야 합니다. 그래야 배당금을 받는 '배당 권리'를 얻을 수 있습니다. 하지만 초보 투자자의 경우 여기서 또 한 번의 함정에 걸려들 수 있는데, 보통 12월 말일에는 주식 시장이 휴장을 하기 때문입니다. 따라서 12월 27일 금요일이 아닌 12월 26일 목요일까지 주식을 매수해야 배당을 받을 수 있습니다.

2022년은 12월 31일이 토요일이기 때문에 배당 권리일을 계산하기가 수월합니다. 배당금을 받기 위해서는 12월 30일까지 주식을 보유해야 하므로 3거래일 전인 12월 28일 수요일까지 주식을 매수하면 됩니다. 배당금과 배당 수익률을 확인하고, 배당을 받을 수 있는 날까지 주식을 매수하여 배당 권리까지 획득했다면 이제 배당금을 받을 준비는 끝났습니다.

배당금도 받고 시세 차익도 얻는 배당 시나리오 짜기

그런데 배당금을 받기도 전에 급하게 현금이 필요해서 주식을 팔아야 하는 일이 발생하면 어떻게 해야 할까요? 결론부터 말하자면 배당 권리를 획득한 후에는 주식을 팔아도 배당금을 받을 수 있습니다. 배당 권리는 각 회사에서 정한 배당 결산일을 기준으로 정해집니다. 즉 대부분의 회사가 12월 30일을 기준으로 주식을 보유하고 있는지의 여부만 판단해서 배당금을 지급합니다. 1월 1일에 투자해 12월 30일까지 해당 주식을 보유하고 있든, 12월 30일 단 하루만 주식을 보유하고 있든 똑같이 배당 권리가 있는 주주로 보는 것입니다.

2022년의 경우 12월 28일에 주식을 매수해 다음 날인 12월 29일에 판다면 단 하루 만에 연간 배당 수익을 챙길 수 있습니다. 만약 2022년 12월 28일에 산 주식을 1년 후인 2023년 12월 29일에 판다면 배당금을 두 번 챙길 수 있습니다. 배당 수익률 5%인 주식의 경우 배당 수익률이 10%가 되는 마법이 펼쳐지는 것입니다.

이렇게 단 하루만 투자해서 배당금을 챙기더라도 얌체 같은 투자 방법이라고 비난받지 않습니다. 바로 '배당락'이라는 제도가 있기 때문입니다. 보통 배당금을 받을 수 있는 권리를 획득한 바로 다음 날에는 주가가 하락하는 것이 일반적입니다. 단 하루 만에 배당 수익률 5%를 챙길 수 있지만 주가 역시 5% 혹은 그 이상이 하락할 수도 있기 때문에 단기적으로 배당주에 투자하는 것은 결코 좋은 방법이 아닙니다.

배당 기준일 다음 날 주가가 떨어지는 이유는 회사의 현금 자산을 주주들에게 나눠 주면서 보유한 현금이 줄어들기 때문입니다. 해당 회사의 현금 자산이 줄어들면서 주가도 같이 하락하는 것은 어쩌면 당연한 일입니다. 하지만 다행히도 배당락으로 인해 일시적으로 하락한 주가는 빠른 기간 안에 다시 원래의 주가로 회복하는 경우가 많습니다.

따라서 가장 바람직한 배당주 투자 방법은 장기적인 관점에서 오랫동안 해당 주식을 보유하는 것이라 할 수 있습니다. 배당 수익을 챙기고 기다리다가 주가가 상승하면 시세 차익까지 얻는 것이 가장 좋은 투자 시나리오입니다.

배당금을 받을 수 있는 요건이 모두 충족됐다면 이제 배당금이 입금되기만을 기다리면 됩니다. 내가 투자한 회사의 배당금이 언제 입금될까 노심초사 기다리는 초보 투자자들에게는 그 시간이 한없이 길게만 느껴질 것입니다. 배당금 지급일을 알고 싶다면 앞에서 소개했던 세이브로 포털에 다시 들어갑니다. 그리고 '주식〉주식권리일정〉대금지급일정' 메뉴를 누르면 각 회사의 배당금 지급일을 확인할 수 있습니다.

건물주가 되어 매월 꼬박꼬박 입금되는 월세를 받는 것은 상상만 해도 행복한 일입니다. 그런데 배당주를 잘 활용한다면 월세 부럽지 않은 현금 흐름을 만들어 낼 수 있습니다. 국내 배당주는 대부분 배당금이 1년에 한 번, 4월경에 입금되지만 해외 주식 중에는 분기별로 배당금이 입금되는 주식이 많습니다. 이 점을 잘 활용하면 매월 월세를 받는 것처럼 매월 배당금을 받는 현금 흐름을 만들 수 있습니다.

만약 1월, 4월, 7월, 10월에 배당금을 지급해 주는 A 주식과, 2월, 5월, 8월, 11월에 배당금을 지급해 주는 B 주식, 3월, 6월, 9월, 12월에 배당금을 지급해 주는 C 주식에 투자를 하면 매월 배당금을 받는 시스템이 만들어집니다. 참고로 매월 배당금을 지급해 주는 회사도 존재합니다.

배당주 투자는 시세 차익만을 노리는 주식 투자와는 또 다른 매력이 있습니다. 안정적으로 배당금을 지급해 주는 회사라면 이미 어느 정도 성장을 이룬 상태일 것이라 더 이상의 드라마틱한 성장을 통해 주가가 급상승할 가능성은 적습니다. 대신 꾸준히 배당 수익을 얻을 수 있다는 장점이 있습니다. 따라서 안정적인 노후 생활과 경제적 자유를 누리고 싶다면 배당주 투자에 더 많은 관심을 갖기를 권합니다.

경제적 자유를 얻기 위해
배당주 투자는 필수입니다.

그 주식을 꼭 사야 하는 이유가 무엇인가?

"내가 아는 한 가지는 내가 모른다는 것이다."

주식 투자의 대가인 하워드 막스가 한 말입니다. 그리고 제가 좋아하는 말이기도 합니다. 저는 이 말을 경제 전망이나 주가를 예측하지 못해도 투자가 가능하다는 뜻으로 해석했습니다.

기술적인 분석을 토대로 주식 투자를 하는 모멘텀 투자자들은 차트의 발자국을 보고 미래를 예측하려고 합니다. 기본적인 분석을 중시하는 가치 투자자들은 기업의 성장성을 예측해서 기업의 가치를 판단하려고 합니다. 하지만 하워드 막스의 말을 빌려 보자면 이 두 행동은 모두 부질없는 일로 볼 수도 있습니다. 예측은 투자의 고수라도 불가능한 일이기 때문입니다.

'주식을 언제 사야 돈을 잃지 않을까요?'라는 질문의 답은 사실 이미 정해져 있습니다. 바로 '주가가 쌀 때 사야 한다'입니다. 그렇다면 이 질문의 본래 의미는 '언제 사야 싸게 살 수 있나요?'라고 할 수 있습니다.

주식 투자로 돈을 잃지 않으려면 미래의 주가보다 싼 가격에 사면 됩니다. 비교 대상이 미래이다 보니 미래의 주가를 알아야 하는데, 앞서 설명했듯이 그것은 불가능에 가까운 일입니다. 따라서 주식을 비교적 싸게 살 수 있는 방법은 어제보다 싼 가격에 사는 것뿐이라고 할 수 있습니다. 그런데 문제는 이 '어제'라는 개념이 계속해서 달라진다는 것입니다. 하루가 지나면 어제는 그제가 되기 때문입니다. 따라서 주식을 비교적 싸게 사려면 또 하나의 개념을 적용해야 합니다. 바로 '싸졌을 때마다 계속해서 사는 것'입니다.

이 두 가지 개념을 조합해서 주식을 싸게 사는 방법을 정리해 보면 이렇습니다.

1. 어제보다 싸면 산다.
2. 싸졌을 때마다 산다.

물론 이 방법은 주가가 결국 우상향한다는 대전제가 있어야 효과가 있습니다. 때문에 가치 있는 좋은 주식에만 국한되는 전략입니다. 30년 동안 100배가 상승한 종목에 투자해 놓고도 싸게 사지 못해 잃기만 했던 경험이 있으신가요? 그렇다면 왜 자꾸 실패하는 투자를 하는지 그 이유를 생각해야 합니다.

여러 종목을 샀다고 분산 투자가 아니다

미래를 예측할 수 없으니 주식을 싸게 사기 위한 유일한 방법은 나눠 사는 것입니다. 간혹 주식 투자의 고수들은 이것저것 잡다한 종목에 투자하는 '백화점식 투자'를 경계하고 투자 종목을 줄여 '집중 투자'를 해야 한다고 말합니다. 전문 투자자가 아니라면 종목 분석력도 부족하고 투자에 할애하는 시간도 적기 때문이라는 말도 덧붙입니다. 하지만 이 얘기를 합리적으로 생각해 보면 오히려 분산 투자를 해야 한다는 결론이 나옵니다.

일반적이고 평범한 사람들은 종목 분석력도 부족하고 시간도 많지 않기 때문에 제대로 된 소수의 종목을 찾을 능력이 없습니다. 만약 이런 말을 '미래를 예측할 수 없다'고 생각하는 가치 투자자가 했다면 스스로 가치 투자를 부정하는 결론에 다다르기도 합니다. 아무리 잘 고른 기업이라도 부도와 같이 우리가 쉽게 예측할 수 없는 일을 배제해서는 안 되기 때문입니다.

우리는 기업의 성장을 예측할 수 없습니다. 그러므로 가능하면 가격도 나누고 종목도 나눠야 합니다. 그런데 나누기에도 요령이 필요합니다. 보유한 종목의 주가가 폭락했다고 해서 아무런 계획 없이 충동적으로 뇌동 매매를 하면 더 큰 위험에 처할 수 있기 때문입니다. 쌀 때 나눠 사기는 했는데 투자금의 한계로 계속 살 수는 없는 상황과 맞닥뜨릴 수도 있습니다. 또한 분산 투자를 한답시고 똑같은 산업군 안에서 종목만 나눠 투자하는 것도 문제가 됩니다. 예를 들면 국민은행, 하나은행, 우리은행, 신한은행에 분산해서 투자하는 것은 결국 은행주라는 하나의 분야에 투자하는 것과 별반 다르지 않은 집중 투자가 될 수도 있습니다. 물론 이것 역시 나름대로의 전략이 담긴 분산 투자라면 예외입니다.

'언제 사는지'보다 더 중요한 것은
'왜 사야 하는지'입니다.

주식을 사고 묻어 두기만 하면 안 되는 이유

삼성전자를 사서 장기간에 걸쳐 묻어 두면 큰 수익을 얻을 수 있을까요? 투자가 그렇게 쉬운 일이었다면 주식 투자를 하는 사람은 전부 부자가 됐을 것입니다. 장기 투자는 실천하기도 어렵지만 그 결과 또한 누구도 장담할 수 없기 때문에 어찌 보면 효율적이지 않은 방법이라고 할 수 있습니다. 아무런 노력 없이 주식을 사서 가만히 묻어 두기만 하면 큰돈을 벌 수 있을까요? 노력 없이 큰 수익을 기대한다는 것은 엄청난 욕심일 수 있습니다. 노력이 없다면 자본금이 아무리 커도 성공을 거두기 어렵습니다. 그래서 저는 '장기 투자'보다는 '장기적인 투자'를 추천합니다.

언뜻 보면 말장난같이 들릴 수도 있지만 이 두 가지 투자법에는 큰 차이가 있습니다. '장기적인 투자'는 장기간에 걸쳐 끊임없이 투자를 하는 것을 의미합니다. 매월 일정한 금액으로 주식을 사는 적립식 투자가 제가 말하는 장기적인 투자의 대표적인 예시입니다. 한번 사 놓고 아예 신경을 끊어 버리는 식의 '장기 투자'는 투자에 실패할 경우 돈뿐만 아니라 되돌릴 수 없는 귀한 시간마저 잃게 됩니다. 심지어 이 시간 동안 제대로 된 투자 경험도 쌓을 수 없으므로 투자 실력 역시 향상될 기회가 없습니다.

장기 투자와 단기 트레이딩을 병행하라

장기 투자와 단기 트레이딩을 병행하라는 말이 있습니다. 이 말은 장기 투자와 장기적인 투자를 함께해야 한다는 의미와 같습니다. 투자는 사 놓고 기다리기만 해도 당첨되는 로또가 아닙니다. 오히려 다이어트와 비슷합니다. 음식을 먹지 않는 인내심과 꾸준히 하는 운동이 가장 확실한 다이어트의 비법이듯이, 투자 역시 인내심과 꾸준한 경험이 필요합니다.

흔히 장기 투자를 탐욕을 절제하는 행위로 묘사하곤 합니다. 하지만 조금 다른 관점으로 보면 이것이야말로 가장 큰 탐욕이라 할 수 있습니다. 별다른 노력 없이 욕심을 내기 때문입니다. 반면 단기 트레이딩은 빠르게 수익을 내려는 탐욕스러운 투자로 생각됩니다. 하지만 제가 얘기하는 단기 트레이딩은 수익 실현의 기대치가 작다는 측면에서 오히려 탐욕과는 거리가 먼 투자법입니다. 100%의 수익 대신 3%의 수익도 귀하게 여기기 때문에 투자에 소요되는 시간이 비교적 짧습니다. 짧은 시간 안에 2배, 3배의 수익을 얻는 것이 아닙니다. 작은 수익을 장기적으로 조금씩 모아 가는 것입니다.

장기 투자에 실패하면 어마어마한 손실은 물론 시간까지 잃어버리지만 장기적인 투자는 실패하더라도 비교적 손실이 작습니다. 투자는 매우 위험한 행위입니다. 적어도 초보 투자자라면 더 많이 얻기 위해 노력하기보다는 더 적게 잃기 위해 노력하는 것이 좋습니다. 작은 경험이 쌓이고 실력이 늘면 그때 비로소 제대로 된 장기 투자를 할 수 있을 것입니다.

장기적인 투자가 장기 투자를 성공으로 이끌 수 있습니다. 아무런 노력 없이 마냥 기다리기만 했는데 몇 배 이상의 수익을 얻을 것이라는 생각은 매우 위험하다는 사실을 명심합시다.

투자는 100미터 달리기나 순간 이동이 아닙니다.
꾸준히 신경을 쏟아야 하는 마라톤입니다.

주식 초보자가 수익과 손실을 대해야 하는 태도

'손절매'라는 말이 있습니다. 앞으로 주가가 더욱 하락할 것으로 예상된다면 손해를 감수해서라도 갖고 있는 주식을 매도하는 행위입니다. 영어로는 로스 컷(loss cut)이라고 하는데, 손실을 중단한다는 뜻임을 직관적으로 알 수 있습니다. 한마디로 손절매란 더 큰 손실을 막기 위한 방편입니다.

그래서 주식 시장에는 '손절매 실력이 곧 투자 실력이다'라는 말이 있을 정도로 칼 같은 손절매를 중요하게 생각하는 투자자가 많습니다. 하지만 안타깝게도 손절매는 초보 투자자가 제대로 하기가 몹시 어렵습니다.

손절매는 투자 고수의 기술이다

인간에게는 '손실 회피 편향'이라고 불리는 본능적인 심리가 있습니다. 이익보다 손실에 더 민감하게 반응하는 것입니다. 예를 들어 승리하면 100만 원을 얻고, 패배하면 10만 원을 잃는 게임과 승리하면 10만 원을 얻고, 패배하면 1만 원을 잃는 게임이 있습니다. 사람들은 어떤 게임에 참여할까요? 대부분이 후자의 게임을 더 선호한다고 합니다. 잃는 것이 두렵기 때문입니다.

이런 이유로 초보 투자자들에게 효과적인 손절매는 불가능에 가까운 일이라 할 수 있습니다. 간혹 크나큰 손실을 기록한 종목을 눈물을 머금고 매도하면서 '손절매를 했다'고 착각하는 초보 투자자가 있습니다. 그것은 계획적인 손절매 전략이 아닙니다. 손실을 마주한 공포가 불러낸 본능일 뿐이죠.

손실을 확정하는 일은 매우 어렵지만 반대로 수익을 실현하는 일은 매우 쉽고 의사 결정도 빠릅니다. 인간은 손실을 회피하려는 본능도 있지만 수익을 되도록 빨리 실현하고자 하는 본능도 함께 갖고 있기 때문입니다. 그래서 많은 사람이 수익은 작지만 손실은 큰 비효율적인 투자를 반복하는 것입니다.

결과야 어찌 됐든 이런 사실을 알고 투자하는 것과 모르고 투자하는 것에는 큰 차이가 있습니다. 자신이 무슨 짓을 하고 있는지, 그리고 어떤 위험에 노출됐는지 모르고 투자를 계속한다면 성공 투자의 가능성은 그만큼 낮아질 수밖에 없습니다. 그래서 초보 투자자라면 잘할 수 없는 일을 일찌감치 포기하고 잘할 수 있는 일에 집중하는 것이 바람직합니다.

손절매는 투자 고수들의 전유물이라고 생각하고 스스로 투자 실력이 갖춰질 때까지는 아예 사용하지 않는 것도 좋습니다. 좋은 종목을 선택하려면 해당 회사의 주가가 내재 가치보다 낮다고 판단할 수 있어야 하듯이, 손절매를 잘 하려면 해당 회사의 주가가 내재 가치보다 높다고 판단할 수 있어야 합니다. 물론 그런 판단력이 있다면 애초에 초보 투자자가 아닐 것입니다. 그렇다면 섣불리 손절매를 시도하는 것보다는 그냥 가만히 놔 두는 것이 나중에 더 좋은 결과로 이어질 가능성이 높습니다.

10% 수익 한 번보다 1% 수익 열 번이 낫다

주식은 사는 것보다 파는 것이 더 어렵다는 말이 있습니다. 왠지 상승하는 주식은 더 크게 상승할 것 같기 때문입니다. 실제로 내가 팔고 나면 더 크게 올라 후회하는 경우도 많습니다. 이런 경험이 쌓이다 보면 매도를 망설이게 됩니다. 물론 손절매 때문에 생기는 손실보다는 이런 후회가 훨씬 낫습니다. 초보 투자자는 '더 많이 얻는 것'보다 '더 적게 잃는 것'에 집중해야 합니다. 그러므로 수익 실현의 기회가 오면 욕심 부리지 말고 과감하게 실행해야 합니다.

이때 수익을 극대화하는 팁이 있습니다. 바로 작은 수익이라도 되도록 여러 번 얻는 방향으로 투자하는 것입니다. 그래서 분산 투자가 필수입니다. 한 종목에만 투자하면 언젠가 큰 수익을 얻을 수는 있을지언정 여러 번의 수익을 얻기는 어렵습니다. 하지만 여러 종목에 분산 투자를 하면 단번에 큰 수익을 얻기는 힘들지만 여러 번의 수익을 얻기에는 효과적입니다. 한 종목에 투자할 때도 여러 번 나눠 사면 자연스럽게 그만큼 여러 번 나눠 팔 수 있습니다. 한 번의 수익 실현으로 얻은 10%의 수익과 열 번의 수익 실현으로 얻은 1%의 수익은 같습니다. 그런데 후자의 방법은 수익을 재투자하는 복리 투자이므로 훨씬 큰 수익을 얻을 수도 있습니다.

'손실은 짧게, 수익은 길게'라는 조언은 초보 투자자에게는 언감생심일지도 모릅니다. '가나다라'도 모르고 소설을 쓰려는 무모한 도전과도 같습니다. 그러니 지금 당장 할 수 있는 전략에 집중하는 것이 훨씬 더 낫습니다.

손절매, 잘 모르면 하지 마세요.
분산 투자를 하면 중간이라도 갑니다.

배당주 투자로 월 100만 원, 돈 버는 우물 만들기

배당주 투자로 돈 버는 우물을 만들어 봅시다. 월 300만 원 정도의 안정적인 현금 흐름을 만들기 위해서는 배당 수익률이 4%인 배당주에 약 10억 원을 투자해야 합니다. 하지만 10억 원은 큰돈입니다. 게다가 금융 자산 10억 원을 운용할 정도라면 경제적 자유를 넘어서 이미 부자라고 할 수 있고, 그렇기 때문에 이것은 평범한 투자자가 달성하기 매우 어려운 일이라고 할 수 있습니다.

만약 10억 원을 배당주에 모두 투자할 수 있다고 해도 주식에 투자금 100%를 넣는 것은 위험한 일입니다. 따라서 위험 요소를 최대한 제거하고 안정적으로 현금 흐름을 만들 수 있는 절충안을 고민해야 합니다.

고배당주 포트폴리오 만들기

가장 현실적인 방법은 목표 금액을 줄이는 것입니다. 예를 들면 경제적 자유를 위해 필요한 월 300만 원을 모두 배당주 투자로 해결하려고 하지 말고 3분의 1인 100만 원만 목표로 잡는 것입니다. 이렇게 하면 필요한 투자 자금도 10억 원의 3분의 1인 3억 3,000만 원으로 줄어듭니다.

투자 규모가 줄어들면 위험성도 줄어들기 때문에 좀 더 공격적으로 투자할 수 있게 됩니다. 예를 들면 배당 목표 수익률을 연 4%에서 5%로 높일 수도 있는 것입니다. 투자 규모가 크다면 투자의 안정성을 높이기 위해 20~30개 정도의 종목에 나눠 투자해야 하지만 투자 규모가 작아지면 그보다 더 적은 수의 종목으로 고배당주 위주의 투자 포트폴리오를 구성할 수 있습니다. 4~6% 정도의 배당 수익률이 기대되는 종목들을 고릅니다. 이렇게 배당 수익률이 높은 종목의 비중을 높이면 배당 소득세를 제외하고도 평균 5%의 배당 수익을 얻을 수 있습니다. 이렇게 하면 배당주 투자로 월 100만 원 정도의 수익을 올리기 위해 필요한 투자 자금은 약 2억 6,000만 원입니다.

물론 처음부터 2억 6,000만 원이 있으면 좋겠지만 없더라도 방법은 있습니다. 2억 6,000만 원이 될 때까지 투자금을 늘려 가면서 지급받은 배당금을 재투자하는 과정을 거치세요. 복리의 마법 덕분에 생각보다 빠르게 배당주 투자로 월 100만 원 만들기가 가능합니다.

여기서 한 가지 유념해야 할 점은 배당주 투자 세팅을 적립식으로 진행해야 한다는 것입니다. 예를 들면 월 200만 원을 1년에 2,400만 원씩 약 10년 동안 꾸준히 투자해야 하는 식입니다. 하지만 이런 적립식 투자는 세상에서 가장 안전한 투자이면서 가장 어려운 투자이기도 합니다. 주가가 상승하면 추가 매수는커녕 수익 실현을 하고 싶고, 반대로 하락을 하면 공포에 팔아 버리는 것이 인간의 심리이기 때문에 장기간의 적립식 투자는 말로만 쉬운 일이라 할 수 있습니다.

배당주 투자, 성공하고 싶다면 2개의 계좌를 관리하라

적립식 투자의 장점을 누리면서 주가의 등락에도 흔들리지 않으려면 분할 매수, 분할 매도를 통해 장기 투자와 단기 트레이딩을 병행해야 합니다. 장기 투자 계좌를 만들어서 배당주 수익을 관리합니다. 그리고 주가가 하락할 때마다 추가로 매수해서 평단가를 낮춥니다. 동시에 다른 계좌로 해당 주식을 매수하고 주가가 오를 때마다 수익 실현을 합니다. 이렇게 하면 단기 트레이딩으로 얻은 수익이 적립식 장기 투자 계좌로 재투자되면서 복리 효과를 얻을 수 있습니다.

이때 처음에 세팅한 종목들이 하락하지 않고 계속 상승하기만 한다면 투자금의 규모를 늘릴 수 없는 것 아니냐는 걱정이 들기도 할 것입니다. 하지만 걱정할 필요 없습니다. 주가가 하락할 때의 대응보다 주가가 상승할 때의 대응이 훨씬 쉽습니다. 이런 상황에서는 그냥 새로운 종목을 추가로 찾아서 투자하면 됩니다.

배당주 투자, 나눠 사고 나눠 파세요.

단기 트레이딩으로 월 100만 원, 돈 버는 우물 만들기

이번에는 단기 트레이딩으로 돈 버는 우물을 만들어 봅시다. 주식 단기 트레이딩으로 월 100만 원의 현금 흐름을 만들어 내려면 우선 평가 손익과 확정 손익의 개념을 이해해야 합니다.

어떤 주식에 100만 원을 투자한다고 가정해 보겠습니다. 참고로 계산의 편의를 위해 0.3% 정도의 거래 비용은 수익률에 산정하지 않겠습니다. 해당 주식의 주가가 3% 정도 상승해서 수익 실현을 한다면 약 3만 원의 현금 흐름이 만들어집니다. 참고로 주식은 가격 변동성이 커서 하루에 3%쯤의 수익을 얻는 것은 그리 어려운 일이 아닙니다. 만약 이런 투자를 한 달에 33번 정도 성공시킬 수 있다면 투자금 100만 원으로 월 100만 원의 수익을 얻을 수 있습니다.

하지만 주식 투자를 해 봤다면 이런 시나리오는 실제로 일어나기 힘들다는 것을 알고 있을 것입니다. 그렇다면 10개의 종목에 나눠 투자한다면 어떻게 될까요? 각각의 종목에서 세 번씩 3%의 수익을 얻으면 월 100만 원의 수익을 얻을 수 있습니다. 이때 필요한 투자금은 총 1,000만 원입니다. 하지만 이것 역시 실제로 달성하기는 매우 어려울 것입니다. 심지어 매수한 주식들 중에는 주가가 오르기는커녕 내리는 주식도 있을 것입니다.

확정 수익을 기준으로 투자하라

그런데 이렇게 주가가 내릴 수도 있다는 점을 이용하면 실제로 주가가 단기간에 크게 오르지 않더라도 수익을 얻을 수 있습니다. 최초 매수 후 주가가 3% 하락했을 때 추가로 100만 원을 투입합니다. 그리고 3%가 더 하락하면 추가로 100만 원을 투입합니다. 주가가 6% 하락했는데 다시 3%가 오르면 총 9만 원의 수익을 얻을 수 있다는 계산이 나옵니다. 이런 상황을 계산에 넣으면 필요한 투자금은 총 3,000만 원으로 늘어나게 됩니다.

그런데 10개의 종목에 이런 식으로 투자했을 때 앞에서 가정한 시나리오대로 흘러갈 확률은 약 20%로 생각해 볼 수 있습니다. 그렇다면 10개의 종목이 아니라 총 50개의 종목을 대상으로 투자해야 한다는 결론에 도달합니다. 이때 필요한 총 투자금은 1억 5,000만 원으로 늘어나지만 주식 투자로 월 100만 원이라는 현금을 만들어 낸다는 목표를 달성할 가능성도 그만큼 높아집니다. 이를 좀 더 쉽게 설명하면 총 150개의 종목에 100만 원씩 투자합니다. 그중에서 한 달 동안 3만 원 정도의 수익 실현을 할 수 있는 종목이 30개 정도 있다면 월 100만 원의 수익을 얻을 수 있습니다.

이런 의문이 들 수도 있습니다. 나머지 종목들의 주가가 하락하면 전체 수익률이 낮아지는 것 아니냐고 말입니다. 기억해야 할 것은 3%의 수익률을 달성해서 수익을 실현한 것이 '확정 수익'이고, 주가가 하락했지만 팔지 않고 그대로 보유중인 종목의 손실은 '평가 손실'이라는 점입니다. 그리고 주식 투자로 현금 흐름을 만들어 내는 것은 확정 수익입니다. 평가 손실은 수익률에 포함시킬 필요가 없습니다. 물론 이것은 보다 쉬운 이해를 위해 다소 극단적으로 만든 투자 시나리오입니다.

한 종목에 추가 매수를 진행하다 보면 해당 주식에 아주 큰 문제가 있지 않은 이상 일정 기간 동안 하락을 거친 후에 반등하기 마련입니다. 그러므로 계속 추가 매수로 대응하다 보면 평가 손실이 아무리 커도 언젠가는 작게나마 확정 수익을 만들어 낼 수 있을 것입니다. 예를 들어 삼성전자를 10만 원일 때도 사고 5만 원일 때도 샀다고 가정해 봅시다. 주가가 7만 원이 되면 10만 원에 산 삼성전자는 주당 3만 원의 손실 상황이 됩니다. 하지만 5만 원에 산 삼성전자를 팔면 주당 2만 원의 수익을 실현할 수 있습니다. 주당 3만 원의 손실은 평가 손실이기 때문에 시간을 무기로 기다리다 보면 손실이 수익으로 바뀔 수 있습니다. 또 주당 2만 원의 수익은 확정 수익이기 때문에 주가가 하락해도 아무런 손해도 없습니다.

평가 손실에는 신경 쓰지 말고 확정 수익에만 집중하는 전략이 중요합니다. 계좌를 나눠 분할 매수를 하고 분할 매도를 하는 이유 역시 이런 구조를 좀 더 명확하게 가져가기 위해서입니다. 한 계좌에서 추가 매수를 한 후 분할 매도를 하면 평가 손실과 확정 수익이 뒤섞여 수익을 계산하기가 복잡하기 때문입니다.

1억 5,000만 원이라는 투자금으로 100만 원의 수익을 얻기 위해서는 약 0.7%의 수익률이면 충분합니다. 하지만 이 얘기는 약 0.7%의 주가 하락만으로도 100만 원의 손실을 입을 수도 있음을 의미하기도 합니다. 다소 복잡하더라도 나눠 사고 나눠 팔아야 하는 이유입니다.

실현하지 않은 손실은 확정된 것이 아닙니다.
그리고 확정된 수익은 현금 흐름이 됩니다.

5장

더 좋은 자산으로 갈아타는 부동산 시스템

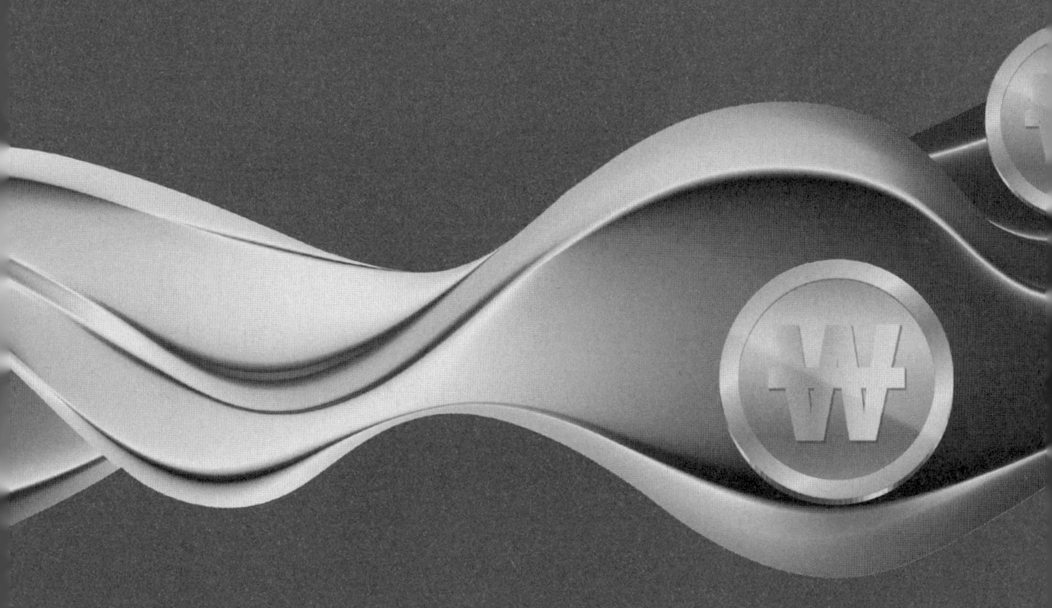

집은
집으로 사는 것이다

자산 증식은 현금 흐름을 창출하는 것보다 난도가 훨씬 높습니다. 비교적 길게 지켜봐야 하므로 제대로 준비하지 않으면 돈은 물론 시간도 버릴 가능성이 큽니다. 자산 증식에 특화된 방법 중에서 거의 유일하게 실패 가능성이 낮은 투자법이 있습니다. 바로 실거주용 부동산에 투자하는 것입니다.

주식 투자의 전설로 불리는 피터 린치는 《피터 린치의 투자 이야기》에서 실거주용 집에 투자하는 것을 '인생 최고의 투자'라고 말했습니다. 그리고 그 이점들을 주식 투자에 대한 얘기보다 훨씬 많이 설명했을 정도입니다. 실거주용 집에 투자하면 좋은 이유는 여러

가지입니다.

첫째, 오랜 시간이 지나 투자 결과가 좋지 않더라도 '실거주'라는 효용을 만족시키므로 안전 마진이 확보된 투자입니다.

둘째, 값이 크게 내려가거나 이자를 내지 못하는 상황만 발생하지 않는다면 레버리지를 크게 일으키더라도 강제 청산을 당할 우려가 적습니다.

셋째, 집은 인간에게 필요한 의식주 중 하나이므로 기본 수요가 확실하게 보장됩니다.

넷째, 이 세상에 같은 곳에 위치한 부동산은 없기 때문에 기본적으로 희소가치도 탑재됐다고 할 수 있습니다.

다섯째, 단기간에 걸쳐 가격이 오르내릴 수는 있을지언정 인플레이션으로 가격이 상승하는 자산입니다.

하지만 이렇게 장점이 많아도 실패할 가능성이 전혀 없는 것은 아닙니다. 너무 비쌀 때 사면 투자 수익률이 물가 상승률에 미치지 못합니다. 또한 수익 실현을 하기까지 어마어마하게 오랜 시간이 걸릴 수도 있습니다. 또한 이른바 '영끌'이라 불리는 무리한 레버리지는 앞서 가능성이 희박하다고 말했던 강제 청산마저 가능케 하는 마법을 부립니다. 그렇지만 이 말은 곧 지나치게 비싸게 사지만 않으면 성공할 가능성이 높은 투자라는 것을 의미하기도 합니다.

여기서 중요하게 짚고 넘어가야 할 것이 하나 있습니다. 바로 '비싸게 사지 않는 것'과 '비싼 것을 사지 않는 것'은 서로 다른 개념임을 이해하는 것입니다.

사는(live) 것이 사야(buy) 할 이유

집은 과거에도 비쌌고 지금도 비싸고 미래에도 계속 비쌀 것입니다. 여기서 '비싸다'는 표현은 어떤 물건이나 상품의 가격이 실제 가치보다 높을 때 쓰는 표현입니다. 그렇다면 집의 내재 가치를 알아야 그것이 싼지, 비싼지, 아니면 적정한지 알 수 있습니다. 집이 연필보다 비싸다는 것은 누구나 알고 있으므로 굳이 비교할 필요가 없습니다. 하지만 내가 매수하려는 아파트와 옆 동네에 있는 같은 층의 아파트의 가치는 비교해 봐야 합니다.

사람들은 집을 사지 않는 이유를 단순히 비싸기 때문이라고 합니다. 단기간에 값이 너무 많이 상승했으니 비싸다는 생각이 드는 것이 당연합니다. 그런데 지금으로부터 30년 후, 집값이 2배가 오른 미래를 기준으로 생각한다면 지금의 집값은 오히려 싸다고 표현해야 합니다. 실거주용 집은 사는(live) 것만으로도 사야(buy) 하는 이유가 충분합니다. 그렇다면 '그 집이 비싼 것인가?'라는 궁금증만 남습니다. 그에 대한 답을 내릴 땐 '주거 환경에 비해 그 가격이 어떠한가'로 판단하는 것이 합리적입니다.

교통이 편리하고, 주변 인프라가 잘 구축돼 있고, 조망까지 좋다면 가치는 높을 수밖에 없고 가격 또한 비쌀 것입니다. 투자는 기본적으로 싸게 사서 비싸게 팔거나, 쌀 때 사서 비쌀 때 파는 것 중 하나만 충족시켜도 성공할 수 있습니다. 싸게 사서 비싸게 파는 것은 투자 대상의 가치를 기준으로 한 것이고, 쌀 때 사서 비쌀 때 파는 것은 투자 타이밍에 관한 이야기입니다. 이 모든 얘기를 종합해 보면 실거주용 집은 자신의 소득 수준 대비 주거 환경 수준이 지나치게 높은 집을 사지만 않는다면 실패 가능성은 대단히 낮다고 할 수 있습니다.

또한 집은 집으로 산다는 말이 있습니다. 가치가 점점 상승하는 자산을 사기 위해 가치가 점점 하락하는 현금을 부지런히 모으는 것은 인플레이션에 역행하는 일입니다. 집을 갖고 있다면 다른 더 좋은 집이 오르는 것을 어느 정도 방어할 수 있습니다. 내 집도 오르기 때문입니다. 그러므로 처음부터 크고 좋은 집을 살 것이 아니라, 내 수준에 맞는 작은 집부터 사서 조금씩 자산의 크기를 키워 나가는 전략이 더 효과적입니다. 이런 행위를 바로 '자산 증식'이라고 부릅니다.

앞으로 집값이 오를 것이라고 판단해서 미리 집을 산 사람들이나, 앞으로 가격이 떨어질 것이라고 판단해서 현금을 쥐고 기다렸던 사람들이나 똑같이 '투자'를 한 것입니다. 그러나 투자의 성패에 따라 집값이 오르는 것에 투자한 사람은 '투기를 한 사람'이 되고, 현금에 투자한 사람들은 '불평등한 사회의 피해자'가 됩니다. 물론 정말로 돈도 없고 대출도 나오지 않아서 집을 사지 못하는 사람들도 있습니다. 하지만 그렇지 않음에도 집을 사지 않았다면 그것은 자신의 선택이라고 할 수 있습니다. 그리고 저는 여러분이 자본주의에 부합한 생각과 판단을 하며 자산을 키우는 쪽을 선택하기를 바랄 뿐입니다.

자산 증식은
실거주용 집을 사는 것으로부터 시작됩니다.

돈이 부족해도 집 사는 방법은 존재한다

실거주용 집이 최고의 투자처라는 것은 주식 투자의 전설 피터 린치뿐만 아니라 수많은 사람이 인정한 사실입니다. 하지만 이상과 현실은 항상 동떨어져 있기 마련입니다. 우리는 집값은 너무 비싸고 돈은 언제나 부족하다고 생각합니다. 그런데 이 두 가지 생각 중 하나는 잘못됐습니다. 집값이 너무 비싸다는 것은 언제나 맞는 얘기입니다만 돈이 부족해서 살 수 없다는 생각은 핑계일 수도 있습니다.

저는 처음으로 실거주용 집을 사기로 마음먹고 가진 돈 없이 집을 샀습니다. 저의 책 《아빠의 첫 돈 공부》에는 제가 집을 사기로 결심한 이유와 그 이야기가 나옵니다.

새 인생을 살기 위해 빌라 투자를 시작하다

저는 사회 초년생 시절에 피치 못할 사정으로 3,000만 원 정도의 카드 빚을 지고 있었습니다. 살고 있던 곳의 보증금 2,000만 원이 전 재산이었으니 순 자산은 마이너스인 상황이었죠. 이른바 '카드 돌려 막기'로 근근이 버티던 중, 당시 연 이자율 25%에 육박했던 카드 빚을 하루빨리 해결하지 않으면 빚의 굴레에서 결코 벗어날 수 없을 거라는 생각이 들었습니다. 박봉의 사회 초년생에게 월 70만 원이라는 이자는 큰 부담이었던 것입니다.

그래서 저는 집을 사기로 결심했습니다. 빚을 해결하려고 집을 샀다는 얘기가 이상하게 들릴지도 모르겠습니다. 그런데 당시에는 집을 사면 은행에서 연 5% 정도의 이자로 집값의 80% 정도를 대출해 주고 있었습니다. 저는 방 3개짜리 신축 빌라를 1억 원에 구매하기로 하고, 은행 대출금 8,000만 원과 원룸 보증금 2,000만 원을 더해 계약금을 치렀습니다. 그리고 지방에 있는 낡고 오래된 투룸 빌라에서 살고 있던 부모님께 서울에 있는 방 3개짜리 새 집에서 살게 해 드리겠다고 제안했습니다.

부모님은 고향집을 보증금 3,000만 원, 월세 30만 원에 임대를 했고, 보증금은 카드 빚을 갚으라며 빌려주셨습니다. 결과적으로 3,000만 원이었던 카드 빚은 8,000만 원으로 늘어났지만 주택 담보 대출 8,000만 원의 연 이자율은 5% 정도였기 때문에 월 이자 비용은 33만 원 정도였습니다. 카드 빚 이자로 매달 지출했던 70만 원에 비하면 매우 작은 금액입니다. 게다가 부모님은 더 넓은 새 집에서 살게 됐고 전에는 없었던 임대료 수입 30만 원을 매월 챙길 수 있게 됐습니다. 그리고 몇 년 후, 집값은 2배 이상 올랐습니다.

돈이 없는데 어떻게 집을 살까?

이처럼 돈 없이도 집을 산 사례는 2014년에도 가능했습니다. 당시에는 현금 한 푼 없이도 집을 살 수 있는 때였습니다. 3억 원짜리 서울 아파트를 사기 위해서 2억 원은 주택 담보 대출을, 그리고 나머지 1억 원은 신용 대출을 받았습니다. 그리고 7년 후에 이 집의 가격은 10억 원이 넘게 올랐습니다.

저는 이 일을 계기로 경제적 자유의 단초를 마련할 수 있었습니다. 하지만 안타깝게도 당시에 갭 투자는 하지 않았습니다. 대출로 생기는 리스크는 미리 알고 대비할 수 있지만, 갭 투자를 했을 때 만약 집값이나 전세값이 하락하거나 공실이 발생하면 내가 컨트롤할 수 없는 대형 사고가 생길 가능성이 존재한다고 생각했습니다. 지금 생각해 보면 투자에 대한 공부가 부족했습니다.

그때 공부가 부족하지 않았더라면 저는 갭 투자로 더 많은 돈을 벌었을지도 모릅니다. 2015년에는 서울 아파트 중에서 전세가와 매매가가 같거나 오히려 전세가가 더 높은 현상이 곳곳에서 일어나고 있었습니다. 이런 아파트로 갭 투자를 한다면 현금이 필요 없는 '무피 투자'를 넘어, 오히려 현금이 생기는 '플피(플러스피) 투자'까지 가능했을 것입니다. 취등록세 500만 원만 갖고 있어도 7년의 수익률이 무려 2만%에 달합니다. 산술적인 계산일 뿐이지만 5,000만 원으로 집 10채를 샀다면 모두 합쳐 30억 원이던 아파트들의 가격이 100억 원이 됐을 테니 경제적 자유를 한 방에 찾을 수도 있었겠죠.

집값이 어마어마하게 상승하면서 돈을 차곡차곡 모아 집을 사는 것은 불가능한 일이 됐습니다. 정부의 대출 규제 정책은 레버리지로 집을 사는 것을 어렵게 만들었습니다. 하지만 돈이 부족해도 집을 사는 법은 여전히 존재합니다. 집값과 전세가 하락이라는 리스크를 감수한다면 크지 않은 돈으로 집을 살 수 있습니다. 그렇긴 해도 무조건 갭 투자로 집을 사라는 얘기는 아닙니다. 앞서 말했듯이 갭 투자는 상당한 위험이 따르는 투자이기 때문입니다. 제가 전하고 싶은 얘기는 갭 투자든 경매든 그 어떤 투자든지 실거주용 집을 사는 목적 자체에 집중해야 한다는 것입니다. 투자 위험은 공부를 해서 충분히 감소시킬 수 있습니다.

과거에는 은행의 안전한 레버리지만 있으면 돈이 부족해도, 투자 실력과 공부가 부족해도 집을 살 수 있었습니다. 하지만 안타깝게도 지금은 그것이 불가능한 일이 돼 버렸습니다. 지금 당장 서점으로 달려가 부동산 경매 책을 사서 읽어 봐야 하는 이유입니다.

2022년 현재, 지금이라도 당장 집을 사야 할지, 아니면 조금 더 기다렸다가 가격이 하락했을 때 사야 할지 고민되는 사람이 많은 것 같습니다. 저는 앞으로 부동산 가격이 내릴지 오를지는 모릅니다. 하지만 지금 살 수 있다면 지금 사는 것을 추천합니다. 실거주용 집은 사고 나서 오르든 사고 나서 하락하든 팔지 않는 한 크게 달라지는 것은 없으며, 시간이 지나면 결국 오를 수밖에 없는 구조를 지녔기 때문입니다.

집을 사세요.
무슨 수를 써서라도.

빚의 가치는 떨어지고 빚내서 산 집의 값은 오른다

저는 빚이 아주 많습니다. 하지만 갚을 생각은 전혀 없습니다. 아마도 이 빚은 저의 4명의 아이들이 적당하게 나눠서 그대로 물려받게 될 것 같습니다. 죽을 때까지 갚지 않겠다는 얘기입니다. 옛날에는 이른바 '달라돈'이라는 살인적인 사설 금융 상품이 존재했습니다. 실제로 이 달라돈 때문에 자살을 결심한 사람도 많았으니 살인적이라는 말이 그렇게 과장된 것은 아닐 것입니다.

달라돈은 상상도 할 수 없는 엄청난 이자율이 문제였습니다. 이 사채 시스템의 이자율은 월 10% 정도였는데 이것을 연간으로 환산하면 120%에 육박합니다. 심지어 제때 상환하지 않으면 연체 이자에 복리의 마법까지 일어나 단 1년 만에 빌린 돈의 3배까지도 불어나는 어마어마한 시스템이었습니다. 신체 포기 각서는 옵션이었고 말입니다.

"달라돈이라도 얻어서 해결해 줄 테니 학비는 걱정하지 말거라."

옛날에 어머니에게 들었던 이 말은 자식을 위해서 목숨까지 걸어 보겠다는 피맺힌 다짐이었던 것입니다. 이렇게 금리가 높았던 상황에서는 은행에서 대출을 받아 집을 사겠다는 생각이 결코 올바른 전략이 아닙니다. 그야말로 '절대로 빚지면 안 된다'는 어른들의 말씀이 옳았던 시절입니다.

하지만 세상이 달라졌습니다. 이른바 '마이너스 금리' 시대입니다. 지금은 은행에 돈을 맡기면 오히려 보관료를 내야 할지도 모른다는 얘기가 심심치 않게 나오고 있습니다. 인플레이션으로 돈의 가치는 점점 줄어들고 돈을 빌리는 비용은 점점 더 저렴해지고 있습니다.

우리가 알아야 할 것은 내가 은행에 모아 둔 돈도 그 가치가 떨어지지만, 은행에서 빌린 돈 역시 그 가치가 떨어지고 있다는 사실입니다. 제가 은행에서 빌린 돈을 절대로 갚지 않겠다고 한 이유가 바로 여기에 있습니다. 지금은 1억 원이 큰돈이지만 30년 후에 이 돈이 편의점 아르바이트를 몇 개월만 뛰어도 갚을 수 있는 작은 돈이 될 수도 있기 때문입니다.

반면 제가 빚과 함께 물려줄 집은 인플레이션으로 인해 가치가 점점 높아질 것입니다. 지금은 몰라도 시간이 지나서 저의 아이들이 집과 빚을 함께 물려받으면 남는 장사가 될 거라는 얘기입니다.

집값은 결국 오른다

사람들이 집을 구매할지 말지 망설이는 이유는 가격 하락이 주는 공포 때문입니다. 하지만 집을 비싸게 사면 어떡하나 걱정할 필요는 없습니다. 현재 시점에서는 비싸게 산 것일 수 있으나 10년 후, 20년 후 먼 미래의 집값과 비교하면 훨씬 저렴할 가능성이 큽니다. 이런 걱정보다는 차라리 집값이 하락하고 다시 회복할 때까지의 기간을 내가 버텨 낼 수 있는지를 고민하는 것이 더 합리적입니다.

실거주용 집은 당장 시세 차익을 얻기보다는 내가 살기 위한 목적이 더 우선시되기 때문에 값이 올라도 마음대로 팔 수 없고 값이 내려도 당장 손실이 확정되지 않습니다. 한마디로 우리 가족이 살기 좋은 집을 산다면 집값이 잠시 하락해도 괜찮습니다. 대출 이자를 감당할 수만 있다면 별문제가 되지 않습니다. 1년, 10년 후에 집값이 지금보다 더 오를지, 아니면 폭락을 해서 반토막이 날지는 그 누구도 알 수 없지만, 자본주의 시스템이 정상적으로 가동된다면 100년 후의 집값은 지금보다 훨씬 높을 것입니다. 제 전 재산을 걸 수 있을 정도로 확실합니다.

집을 산 후 집값이 하락하면 어떻게 해야 할까요? 자녀에게 물려주세요. 시간이 지나면 자동으로 그 가치가 하락할 빚과 함께 말입니다.

지금보다 가치가 증가하게 될 것을
소유하세요.

부동산 투자는 넥스트 스텝이 필수다

"천 리 길도 한 걸음부터", "첫 술에 배부르랴"라는 말이 있습니다. 잘 알고 있으면서 집을 살 땐 외면하게 되는 말입니다. 물론 집은 한번 사면 환불도 불가능하고 취득세와 양도세도 내야 하기 때문에 이왕이면 처음부터 좋은 것을 사는 것이 좋긴 합니다. 하지만 우리가 그렇게 자주 가는 마트에서도 매번 맛있는 과일을 사지 못하는데, 생전 처음 사 보는 집이 완벽할 확률은 너무나 낮습니다.

고기도 먹어 본 놈이 잘 먹고 투자도 해 본 사람이 잘합니다. 6평짜리 오피스텔도 사 보고, 10평짜리 반지하 빌라도 사 보고, 25평짜리 아파트도 사 본 사람과 난생 처음 부동산 사장님과 말을 섞어 본 사람이 있습니다. 이 두 사람이 32평형 아파트를 산다면 그 질과 가격에서 차이가 생길 수밖에 없겠죠.

처음부터 크고 좋은 집을 사고 싶은가요? 그 마음은 이해하지만 처음부터 완벽한 집을 사려고 하다 보면 오히려 돌이킬 수 없는 실패를 할 수도 있다는 점을 알아야 합니다. 성적도 좋고 스펙도 훌륭한 사람이라면 대기업에 바로 입사할 수 있겠지만 그렇지 않다면 중소기업에서 경력을 쌓아 더 좋은 회사로 이직하는 방법도 있습니다. 물론 훨씬 힘들고 어려운 일이긴 합니다만 평생을 백수로 보내는 것보다는 낫습니다. 집을 살 때도 이와 마찬가지로 처음부터 서울에 있는 크고 좋은 신축 아파트를 살 수 있는 사람도 있겠지만 그렇지 않다면 낡고 작은 빌라로 시작해 소형 구축 아파트를 거친 후에 원하는 아파트에 입성하는 방법도 있습니다.

신축 빌라로 아파트를 구매하다

부동산은 이른바 '갈아타기'가 가능한 자산입니다. 집으로 집을 산다는 개념입니다. 비싸고 좋은 집을 사려면 많은 자본과 레버리지가 필요합니다. 돈이 없다면 우선 싸고 작은 집을 사서 현금을 자산으로 바꿔 놓고, 인플레이션으로 집값이 상승하는 것을 방어하는 전략이 필요합니다. 이렇게 투자의 경험을 쌓다 보면 가치 있는 부동산을 알아보는 선구안도 생기고 투자 실력도 점점 향상될 것입니다. 그리고 이 자산을 발판 삼아 더 좋은 자산을 갖게 될 수도 있습니다.

저는 2009년에 서울 외곽에 있는 작은 신축 빌라를 샀습니다. 돈이 하나도 없어서 담보 대출과 신용 대출까지 100% 받아 산 빌라였습니다. 그런 탓에 저는 보증금 500만 원, 월세 25만 원짜리 옥탑방에서 신혼 생활을 시작해야 했습니다. 그리고 매달 발생하는 대출 이자를 갚아야만 했습니다.

하지만 10년 후 이 집의 대출 원금은 조금씩 줄어들었습니다. 또한 소득 수준도 달라져서 대출금 갚기가 점점 수월해졌습니다. 집을 살 당시의 소득 수준으로는 10년은 일해서 모아야 했던 잔금이 이제는 1년만 열심히 모아도 될 정도가 됐습니다. 그리고 2019년에 부모님이 살고 있던 이 빌라는 전세 임대를 놓게 됩니다. 이 전세 자금과 대출금을 합친 덕분에 김포에 32평형 아파트를 살 수 있었습니다. 새로 산 아파트는 2년 후 2배 가까이 올랐습니다.

만약 제가 2009년에 이 작은 빌라를 매수하지 않았다면 2021년에 김포 아파트도 사지 못했을 것입니다. 집 한 채가 두 채가 되고 빌라가 아파트가 됐습니다. 물론 운도 크게 작용했다는 점은 부정하지 않습니다. 허나 분명한 것은 이 모든 일이 '자산 갈아타기'로 가능한 일이라는 것입니다.

인플레이션을 방어할 수 있는 유일한 방법은 자산을 소유하는 것입니다. 하지만 처음부터 큰 자산일 필요는 없습니다. 자산에 현금을 더하면 조금 더 큰 자산이 되고, 그 자산에 또 다시 현금을 더하면 더욱더 큰 자산이 되는 구조라는 것을 이해할 수 있어야 합니다.

현금에 현금을 더하면 그냥 현금일 뿐이지만
자산에 현금을 더하면 더 큰 자산이 됩니다.

따박따박 나오는 월세를 받고 싶다면

월급처럼 따박따박 월세를 받으며 사는 일은 모든 투자자의 소망일 것입니다. '조물주 위에 건물주'라는 말이나 어린이들의 장래 희망 1위가 건물주라는 얘기가 괜히 나온 게 아닙니다.

건물주가 되는 것도 어렵지만 건물주로 사는 것은 더 어렵습니다. 무소불위의 권력을 가진 것처럼 보이지만 코로나19로 인해 여기저기 임대 현수막이 붙어 있는 것을 보면 공실의 위험은 그 어떤 건물주도 피해 갈 수 없는 듯합니다. 몇 달간 밀린 임대료를 독촉해 본 경험이 있다면 응당 받아야 할 돈을 받는 일이 얼마나 어려운지 알 것입니다. 때로는 이유를 알 수 없는 누수 때문에 돈이 나가고

스트레스는 덤으로 따라옵니다. 점점 늘어 가는 부동산 보유세는 월세 수입을 넘어설 정도로 위협적입니다. 한마디로 여유롭게 골프를 치면서 입금된 돈을 확인하는 건물주의 모습이 우리의 환상일 수 있다는 얘기입니다.

실거주용 집에 투자하는 것은 계속 언급했듯이 인생 최고의 투자라 할 만큼 성공 가능성이 높습니다. 하지만 그렇지 않은 부동산은 '실거주'라는 안전 마진이 확보되지 않으므로 철저히 투자 실력에 따라 성패가 좌우될 수밖에 없습니다. 주거용이든 사업용이든 직접 사용할 게 아니라면 누군가에게 빌려주고 대가를 받는 수익 구조를 가져가야겠죠.

건물주가 되고 싶다면 알아야 할 것

이를 위해서는 임차인과의 협상력, 인테리어 감각 등 다양한 능력들이 필요합니다. 전구를 교체하는 일부터 화장실 공사, 장판과 도배, 옥상 방수까지 신경 쓰는 것을 보면 건물주는 극한 직업에 가깝다는 사실을 깨닫게 됩니다. 물론 요즘은 이 모든 것을 대행해 주는 관리 회사도 있습니다. 하지만 추가 비용이 발생하면 그만큼 투자 수익률도 낮아지겠죠. 결국 부동산 투자는 건물을 사고파는 것이 전부가 아닙니다. 따박따박 들어오는 월세를 받기 위해서는 특이한 형태의 노동력을 계속 투자해야 합니다.

임대업은 불로 소득을 얻을 수 있는 일이 아닙니다. 오히려 주식 투자와 비교하면 노동 소득에 가까울 정도입니다. 주식 투자는 사 놓고 가만히 두기만 해도 훌륭한 인재들이 알아서 일을 하고 돈을 벌어다 주니까요.

저는 경제적 자유를 찾았지만 부자가 되는 것은 포기했습니다. 경제적 자유는 하기 싫은 일을 하지 않아도 되는 자유를 줍니다. 하지만 소비를 통제하지 않으면 곧바로 자유는 깨져 버립니다. 반면 부자는 롤렉스 시계와 벤틀리 자동차를 일시불로 결제해도 경제적 자유가 깨지지 않습니다.

저는 부자가 되기 위해서는 임대업 같은 극한의 일도 견뎌 내고 폭락장에서 주식을 사는 위험도 감수해야 한다는 사실을 깨달았습니다. 그래서 저는 부자의 삶보다는 그냥 경제적 자유를 누리면서 행복하고 편안한 삶을 살아야겠다고 생각했습니다.

더 큰돈을 벌기 위해서 불편하고 위험한 일을 감수해야 하는 투자도 있습니다. 부동산 임대업이 바로 그렇습니다. 그러니 건물주가 되고 싶다면 이 점을 미리 알고 있어야 합니다.

편안하고 행복하게 살고 싶다면
수익형 부동산에 대해 다시 생각해야 합니다.

부동산 투자로 월 100만 원, 돈 버는 우물 만들기

부동산 투자로 월 100만 원의 현금 흐름을 만들어 내는 것은 그리 어려운 일이 아닙니다. 넉넉하다 못해 차고 넘치는 투자 자금만 있으면 말입니다. 예를 들어 월 임대 수익률이 3% 정도인 4억 원짜리 아파트를 사서 임대를 하거나, 월 임대 수익률이 6% 정도인 2억 원짜리 상가 점포를 사서 임대를 하면 됩니다. 코끼리를 냉장고에 넣는 방법만큼 간단합니다. 하지만 공실 리스크, 수리 비용, 컨디션을 관리하기 위해 들이는 노동력, 세금 등을 생각하다 보면 머리가 아파집니다. 물론 이런 귀찮은 일을 하지 않는 방법도 있습니다. 요즘은 임차인을 대신 찾아서 계약까지 해 주고 건물 관리도 해 주는 전문 대행 업체까지 있으니 이것을 이용하면 됩니다.

하지만 대행 업체를 쓰면 투자 비용은 더욱 커지고 수익률은 낮아집니다. 투자에 있어 투자금의 증가는 곧 위험을 의미합니다. 자칫 투자 리스크를 회피하려다 더 큰 리스크를 안게 되는 비합리적인 구조가 만들어질 수도 있습니다.

미국 월 배당 리츠에 투자하라

이런 문제를 해결하면서 월 100만 원의 현금 흐름을 만들어 낼 수 있는 또 다른 부동산 투자법이 있습니다. 바로 '미국 월 배당 리츠'에 투자하는 것입니다. 리츠는 부동산 투자를 전문적으로 하는 일종의 뮤추얼 펀드입니다. 이것은 투자자들로부터 자금을 모아서 부동산이나 부동산과 관련한 자본에 투자하고, 그렇게 발생한 수익을 투자자들에게 배당합니다.

리츠에 투자하면 부동산을 직접 사지 않아도 부동산 투자를 할 수 있습니다. 부동산을 소유하고 있는 회사에 투자를 하는 개념이기 때문에 부동산 자산의 대표적인 강점인 안정성을 확보할 수 있을 뿐 아니라 인플레이션에 의해 그 자산과 수익의 규모가 장기적으로 우상향하기 때문에 장기 투자에도 적합합니다.

이 표는 제가 투자를 시작한 5개의 미국 월 배당 리츠의 2021년 시세 차익과 배당 수익률을 정리한 것입니다.

종목		21년 1월 주가	22년 1월 주가	22년 1월 평가 수익률	22년 1월 월 배당금	22년 1월 연 배당금	22년 1월 배당 수익률	22년 1월 합산 수익률
1	리얼티인컴	59.74$	71.2$	19.18%	0.2465$	2.96$	4.15%	23.34%
2	LTC 프라퍼티스	39.33$	35.03$	-10.93%	0.1900$	2.28$	6.51%	-4.42%
3	화이트스톤 리츠	8.04$	10.15$	26.24%	0.0358$	0.43$	4.23%	30.48%
4	SL 그린 리얼티	61.99$	74.97$	20.94%	0.3033$	3.64$	4.85%	25.79%
5	스태그 인더스트리얼	30.38$	47$	54.71%	0.1208$	1.45$	3.08%	57.79%
	평균 수익률			22.03%			4.57%	26.59%

연간 수익률이 26.59%이니 만약 약 5,400만 원을 투자했다면 세금 15.4%를 제외하고 연간 1,200만 원, 월 100만 원의 수익을 얻을 수 있었을 것입니다. 우리는 부동산 투자를 할 때 시세 차익과 월세 수익을 기대합니다. 미국 월 배당 리츠도 수익 구조가 유사합니다만 사실 시세 차익보다는 월 배당에 집중하는 것이 바람직한 투자입니다.

연간 수익률이 4.57% 정도인 배당 수익만 놓고 계산해 보면 3억 원 정도의 투자금으로 세금을 제외하고도 월 100만 원의 수익을 얻을 수 있습니다. 리츠 투자는 실제로 건물을 사지 않기 때문에 공실 리스크도 없고 별도의 관리도 필요하지 않습니다. 그래서 투자 대비 효율성도 높습니다. 참고로 1,100개 이상의 상업용 부동산을 소유하고 있는 회사 '리얼티인컴'의 시가 총액은 2022년을 기준으로 약 49조 원에 달합니다. 그 규모가 말해 주듯이 개인이 보유하고 관리하는 부동산보다 안정적인 투자가 가능하다고도 볼 수 있는 것입니다.

수익형 부동산 투자는 리츠 투자로 하세요.

6장

나의 존재만으로 소득을 창출하는 퍼스널 브랜딩 시스템

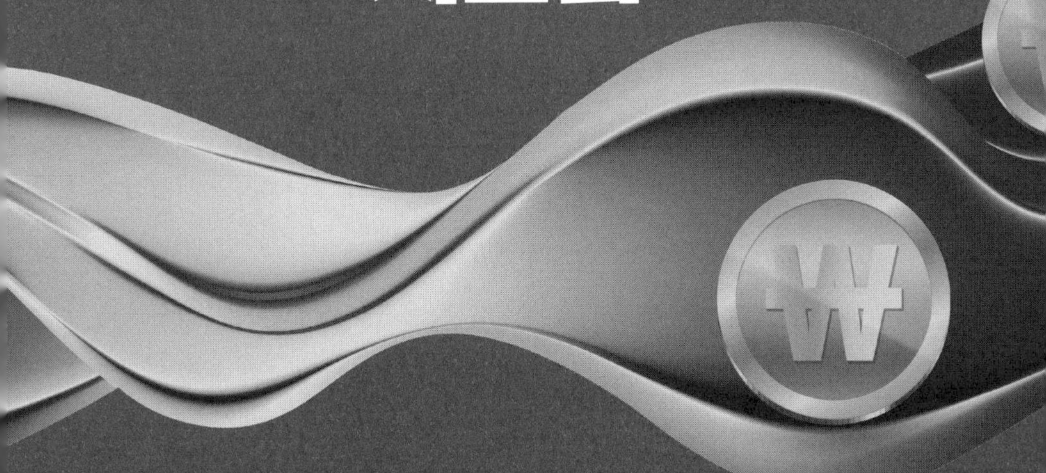

노동력을 스노우볼 형태로 바꿔라

저는 투자를 시작한 덕분에 자본이 쉬지 않고 일하면서 돈을 버는 '스노우볼 효과'를 경험했습니다. 눈덩이가 굴러가면서 점점 커지는 것처럼 20억 원이 40억 원이 되고, 40억 원이 70억 원이 됐습니다. 자산만 늘어난 게 아닙니다. 매달 들어오는 현금 흐름 역시 커졌습니다. 달러 투자로 창출한 현금 흐름은 투자 실력이 쌓이면서 하루 3,000원이었던 수익이 1만 원으로, 10만 원이었던 수익이 300만 원으로 커지는 기적을 경험했습니다.

제가 경제적 자유를 찾기로 결심한 후 목표로 삼았던 월수입은 300만 원입니다. 월 300만 원을 직장에 다니지 않고 오로지 내 힘으로 만들어 낼 수 있다면 하기 싫은 일을 하지 않고 살 수 있는 경제적 자유가 실현된다고 생각했습니다.

이제 저는 글쓰기만으로 하루 10만 원, 월 300만 원을 만들어 내고 있습니다. 이것을 제 두 눈으로 직접 확인하고 나니 새로운 깨달음도 얻게 됩니다. 세상에는 자본력을 밑천으로 하는 투자도 있지만, 돈 한 푼 없이 노동력을 밑천으로 하는 투자도 있다는 것을 알게 된 것입니다.

콘텐츠로 돈을 벌어라

일반적인 노동력은 그 대가가 월급의 형태로 정해져 있습니다. 일한 시간과 수입의 크기가 비례합니다. 의사나 변호사처럼 고액 연봉을 받는 사람들도 예외는 아닙니다. 노동력 없이는 돈도 없습니다. 노동력은 시간에 비례하기 때문에 수익에 제약이 있습니다.

하지만 노동력의 형태를 바꾸면 얘기가 달라집니다. 바로 한번 굴리면 끝없이 커지는 '스노우볼' 형태로 바꾸는 것입니다. 내가 쓴 글을 읽는 사람이 하루에 100명일 때 나의 글쓰기 노동의 가치가 100이라고 칩시다. 이 인원이 1,000명이 되고 10만 명이 되면 그 가치도 10배, 100배로 늘어납니다. 돈이 대신 일을 하면 내가 직접 일하지 않아도 돈을 벌 수 있는 것처럼, 한 번 들인 노동력이 계속해서 돈을 벌어다 준다면 마치 투자의 스노우볼 효과처럼 수익에는 한계가 없습니다.

책을 출판하는 일도 이와 비슷한 구조를 갖고 있습니다. 책 한 권을 출간하기 위해서 글을 쓸 때는 분명 적지 않은 시간과 노동력을 투입해야 합니다. 하지만 책을 출간한 뒤에는 더 이상 노동력을 투입하지 않아도 됩니다. 그리고 출간된 책을 사서 읽는 사람이 늘어나면 인세 수익은 점점 커집니다. 마치 투자처럼 일하지 않는 순간에도 돈이 늘어나는 효과를 얻는 것입니다.

글쓰기뿐만이 아닙니다. 수많은 젊은 부자를 만들어 낸 유튜브 역시 영상 기획과 촬영이라는 노동력을 스노우볼 형태로 바꿀 수 있습니다. 매번 영상을 업로드하는 노동력의 투입량은 일정하지만 구독자 수와 조회 수가 증가함에 따라서 수익은 눈덩이처럼 커질 것입니다.

이렇게 노동력이 스노우볼의 형태로 바뀐 결과물을 '콘텐츠'라고 부릅니다. 그것이 글이든 영상이든 그림이든 상관없습니다. 노동력을 콘텐츠로 바꿀 수만 있다면 그것이 곧 노동력으로 투자를 하는 것이라 할 수 있습니다.

돈으로 돈을 벌기 위해서는 돈이 필요합니다. 그래서 가장 먼저 해야 하는 일이 내가 직접 일해서 돈을 버는 것입니다. 콘텐츠로 돈을 벌기 위해서도 노동력이 필요합니다. 하지만 콘텐츠로 버는 돈은 시간에 비례하지 않습니다. 콘텐츠가 쌓일수록 오히려 들인 시간에 비해 더 많은 수익을 얻을 수도 있습니다. 게다가 투자처럼 돈을 잃을 걱정을 하지 않아도 됩니다. 일단 노동력을 투자해서 콘텐츠를 만들어 두면 내가 잠든 사이에도 돈을 벌 수 있는 것입니다.

콘텐츠를 만들어 내는 노동력에도
투자를 해 보세요.

블로그로
광고 수익부터 인세까지 얻은 비결

제가 저의 독특한 투자 경험담을 다른 사람들과 공유하기 시작한 곳은 어느 유명한 주식 투자 커뮤니티였습니다. 당시 제가 글을 썼던 목적은 크게 두 가지였습니다. 첫 번째는 저의 투자 방식을 검증받고 싶었습니다. 제가 투자에 성공한 것이 우연이었는지, 아니면 정말 합리적인 방법을 사용했기 때문에 다른 사람들도 공감하고 따라 할 수 있는지를 알고 싶었거든요.

두 번째는 혹시 내가 놓치거나 실수한 부분이 있지는 않은지 다른 사람의 의견을 들어 보고 싶었습니다. 아주 다행히도 이 두 가지 목적은 한동안 제대로 잘 충족됐습니다. 하지만 세상에는 정상적인 커뮤니케이션이 힘든 사람도 일부 섞여 있다는 것을 알게 되는 데는 그리 많은 시간이 필요치 않았습니다. 글을 읽는 사람이 많아질수록 건강한 토론이라기보다는 쓸데없는 감정 소모를 해야 하는 상황도 많아졌습니다. 그중에 누군가가 저에게 이런 말을 했습니다.

"일기는 일기장에."

그러나 이 말은 결국 저에게 좋은 깨달음과 결과를 가져다주는 결정적인 계기가 됐습니다. 인터넷 커뮤니티는 비슷한 생각을 가진 사람들이 하나의 주제를 두고 자신의 생각을 공유하기 좋은 공간입니다. 그런데 부동산 투자 커뮤니티에서는 주식을 '도박을 조장하는 위험한 것'으로 치부하기도 합니다. 또한 주식 커뮤니티 안에서도 가치 투자를 지향하는 사람들에게 현금 흐름을 위한 단기 트레이딩의 필요성을 얘기했다가는 마녀 사냥을 당할 수도 있습니다. 한마디로 유연한 사고를 하기가 어려운 곳이기도 합니다.

투자는 수학처럼 정답이 있지 않습니다. 그때는 맞고 지금은 틀린 일들이 비일비재합니다. 그러므로 고정 관념을 갖기보다는 오픈 마인드를 가져야 훨씬 유리한 행위입니다. 그런데 글을 읽는 입장에서는 이런저런 사람들의 생각을 읽고 사고의 틀을 넓혀 가면 되지만, 글을 쓰는 입장에서는 커뮤니티 안에 있는 사람들의 입맛에 맞는 글만 쓰게 되니 고정 관념이 생기기도 합니다.

퍼스널 브랜딩, 어렵지 않은 투자 수단

내 생각을 마음껏 얘기해도 괜찮은 곳이 필요했습니다. 그래서 찾은 곳이 블로그입니다. 블로그는 개인 공간에 가깝기 때문에 자신의 생각을 마음껏 펼칠 수 있습니다. 자신의 생각을 오롯이 표출할 수 있는 공간인 만큼, 다른 누군가의 생각을 고려해서 글을 쓸 필요가 없습니다. 이렇게 자유로운 환경에서 창조된 글과 생각들은 개인의 고유한 아이덴티티가 됩니다. 이런 고유성이 광고 수익, 책의 인세와 같은 소득으로 이어진다면 스스로를 '퍼스널 브랜딩'했다고 볼 수 있는 것입니다.

커뮤니티에 글을 쓰면 커뮤니티가 돈을 벌지만 블로그에 글을 쓰면 내가 돈을 법니다. 많은 사람이 블로그에 글을 쓰고 운영하는 것을 어렵게 생각하는데요. 이것은 생각보다 그리 어렵지 않습니다. 글을 쓰는 것이 익숙하지 않은 사람이라도 시작할 수 있는 방법은 많습니다. 처음에는 다른 사람의 글이나 뉴스 기사를 공유해도 좋습니다. 사진을 올리고 자신의 생각을 짤막하게 전달해도 좋습니다. 맞춤법이 틀리든 문장이 매끄럽지 않든 콘텐츠가 너무나 독특해서 공감을 얻지 못하든 상관없습니다. 블로그는 그 누구도 내게 뭐라고 할 수 없는 일기장 같은 공간입니다.

남의 일기장을 몰래 훔쳐보고 맞춤법을 지적하는 사람은 없습니다. 그러니 블로그에 쓰는 글이 엉망진창이어도 괜찮습니다. 자주 하다 보면 익숙해지고 실력은 경험에 비례해서 늘어날 것입니다.

글쓰기도 예외는 아니어서 글을 많이 써 본 사람은 점점 더 잘 쓰게 돼 있습니다. 블로그는 그야말로 돈이 들지 않는 일이기 때문에 실력보다는 실행과 시작이 더 중요합니다.

일기를 일기장에 쓰면 추억이 되지만
일기를 블로그에 쓰면 돈이 됩니다.

내가 1억 원짜리 계좌와 투자 기록을 공개한 이유

성공 경험은 많은 사람에게 귀감이 됩니다. 하지만 아무나 말해줄 수는 없습니다. 성공하고 이룬 것이 많은 사람만이 성공 경험을 얘기할 수 있으니까요. 이와 달리 실패 경험은 모든 사람이 겪어 봤을 만큼 흔합니다. 그런데 실패담도 성공담 못지않게 좋은 정보가 됩니다.

공자님이 말했습니다.

"세 사람이 길을 같이 걸어가면 반드시 내 스승이 있다. 좋은 것은 본받고 나쁜 것은 살펴 스스로 고쳐야 한다."

세상에는 '주식 투자를 이렇게 해서 돈을 벌었습니다' 같은 얘기도 필요하지만 '이렇게 주식 투자를 했더니 망했습니다' 같은 얘기도 누군가에게 꼭 필요한 콘텐츠입니다. 유튜브 채널 '무한 배터리'는 주식 투자에 실패한 얘기를 공유하면서 많은 사람에게 큰 호응을 얻은 바 있습니다. 그는 40세에 경제적 자유를 찾아서 은퇴하겠다며 주식 투자를 시작한 평범한 직장인이었습니다. 8년 동안 극단적으로 절약해서 월급의 대부분을 저축해 2억 7,000만 원을 모았습니다. 그리고 주식 투자로 1억 원을 벌고 1억 3,000만 원을 대출 받아서 총 5억 원의 종잣돈을 만들어 내는 것까지 성공했죠. 그의 다음 계획은 이 5억 원을 고배당주에 투자해 매월 300만 원의 현금 흐름을 창출하는 것이었습니다.

하지만 이 계획은 단 5개월 만에 실패로 돌아가고 5억 원은 공중분해되고 맙니다. 대출금이 있었기에 오히려 1억 3,000만 원의 빚이 생겼죠. 그의 처참한 실패담은 많은 사람에게 교훈과 감동을 줬고 단번에 5만 명이 넘는 구독자를 끌어모을 정도로 인기 있는 콘텐츠가 됐습니다.

실패도 돈이 되는 세상

실패담이 꼭 이렇게 드라마틱할 필요도 없습니다. 재미없게 본 영화를 소개하거나 다시는 가고 싶지 않은 음식점을 공유하는 것만으로도 누군가에게 도움이 될 수 있습니다. 저는 제가 만든 '세븐 스플릿' 투자 시스템을 사람들에게 좀 더 자세히 알려 주고 싶었습니다. 그래서 1억 원으로 이 투자를 어떻게 진행하는지 공개하기로 했습니다. 연간 10%의 수익률을 달성하겠다는 목표를 잡았습니다. 목표가 이뤄지지 않더라도 콘텐츠로써의 기능은 사라지지 않는다고 생각했습니다. 목표를 달성하면 교훈이 가득한 콘텐츠가 될 것이고, 달성하지 못하면 코믹한 예능처럼 재미거리가 될 수 있다고 생각했습니다.

사실 이 콘텐츠의 첫 번째 목적은 남에게 보여 주기 위한 것이 아니었습니다. 과연 내가 만든 투자 시스템이 중소형주를 대상으로 실행해도 잘 가동되는지 확인해 보기 위한 것이었죠. 그래서 아무도 이 얘기에 관심을 기울이지 않는다고 해도 문제 될 것이 없었습니다. 저는 그저 제 할 일을 하고, 그것을 기록하는 것만으로 콘텐츠가 만들어졌을 뿐입니다.

물론 보다 많은 사람에게 공감을 받는 콘텐츠를 만들려면 독창적인 아이디어와 약간의 수고가 필요하기는 합니다. 하지만 단순히 일상을 기록하는 것만으로도 돈 되는 콘텐츠가 될 수 있습니다. 투자를 처음 시작하는 사람들에게는 투자를 처음 시작하면서 좌충우돌을 겪는 사람의 글이 더 현실감이 있어 재미있을 수 있습니다.

'처음으로 주식 계좌를 만들어 봤습니다.'

'처음으로 삼성전자를 사 봤습니다.'

'처음으로 주식 투자로 돈을 잃어 봤습니다.'

'처음으로 배당금을 받아 봤습니다.'

'처음으로 달러를 팔아 봤습니다.'

'처음으로 부동산에 가 봤습니다.'

이런 주제의 글들은 성공담이 난무하는 세상에서 오히려 찾기 힘든 희귀한 콘텐츠일 수도 있습니다. 여기에 보다 자세한 설명과 생생한 사진 자료까지 더해진다면 소소하지만 충분히 사랑받는 콘텐츠가 될 수 있습니다.

블로그로 돈 나오는 우물을 하나 더 파고 싶은가요? 그런데 어떤 글을 올려야 할지 고민되나요? 그렇다면 '그냥 일기나 써야겠다'라고 생각해 보세요. 평범한 일기도 돈이 되는 신기한 경험을 하게 될 것입니다.

무엇을 쓸지 고민할 시간에
그냥 쓰세요.

노력과 열정만으로도 현금 흐름을 만들 수 있다

저는 꾸준히 글을 쓰는 행위가 또 다른 현금 흐름을 만들어 낼 줄 미처 몰랐습니다. 제가 글을 쓰기 시작한 이유는 주식과 달러 투자를 통해 알게 된 투자의 메커니즘을 아이들에게 전하기 위해서입니다. 지금은 글쓰기가 저의 또 다른 돈 버는 우물이 됐습니다. 그리고 글쓰기라는 돈 버는 우물을 꾸준히 관리하다 보니 이제는 굳이 투자를 하지 않아도 먹고살 수 있는 수준에 이르렀습니다. 제가 쓴 글을 매일 읽어 주는 독자가 생겼고, 출간한 책이 베스트셀러가 되기도 했기 때문입니다.

누구나 자신의 전문 분야나 인생 얘기를 책으로 엮고 싶다는 생각을 합니다. 저도 그랬습니다. 하지만 처음에는 출판사의 문턱이 높기만 했습니다. 출간하기로 마음먹고 100군데가 넘는 출판사에 원고를 보냈지만 답변이라도 해 주는 곳은 채 10곳도 되지 않았고 그중 반은 자동 답장, 반은 거절의 내용이 담겨 있었습니다.

지금은 상황이 다릅니다. 이제 저는 수많은 출판사로부터 출간 제의를 받고 원하면 언제든지 책을 낼 수 있게 됐습니다. 심지어 제가 쓴 글을 애타게 기다리는 출판사도 있습니다. 글쓰기 하나로 경제적 자유를 찾게 된 것입니다.

머리 대신 엉덩이로 현금 벌기

투자가 돈으로 돈을 버는 일이라면 책과 글은 콘텐츠로 돈을 버는 일입니다. 그리고 경제적 자유를 찾기 위한 이 두 가지 일은 크게 두 가지 공통점을 지닙니다.

1. 수입의 크기가 투여한 노동력의 크기와 비례하지 않는다.
2. 수입의 크기가 투여한 시간의 크기와 비례하지 않는다.

그리고 이런 차이점도 지닙니다. 투자 수익은 자본과 노력의 크기에 비례하지만, 콘텐츠 수익은 오직 노력의 크기에 비례한다는 것입니다. 저는 돈에 관심이 많았기에 제가 알게 된 돈에 대한 정보가 콘텐츠가 되어 책, 글, 강연의 형태로 바뀌었습니다. 누군가에게는 돈이 되는 관심사가 '요리'일 수도 있고 '운동'일 수도 있습니다. 다른 사람보다 좀 더 많이 좋아하고, 좀 더 많이 경험하고, 좀 더 많이 깨달은 무언가가 있다면 그것은 좋은 콘텐츠가 될 수 있습니다. 심지어 그것이 실패한 경험이라 할지라도 말입니다. 《쇼생크 탈출》, 《미저리》, 《그것》 등을 쓴 베스트셀러 작가 스티븐 킹은 그의 글쓰기 비결을 다독과 다작이라고 밝히며 이렇게 말했습니다.

"크리스마스에도 쓰고 생일날에도 쓴다."

저 역시 한때는 경제적 자유를 찾는 방법이 '돈으로 돈을 버는 것'만 있는 줄 알았습니다. 하지만 '나만의 콘텐츠와 노하우로 돈을 버는 법'을 깨달았고 그것으로 또 다른 현금 흐름을 창출했습니다. 대부분의 사람들은 저마다 좋아하는 것과 잘하는 것이 다르고 자기만의 색다른 경험을 갖고 있습니다. 앞서 얘기했듯이 그 경험이 실패담일지라도 다른 사람에게는 같은 경험을 하지 않도록 돕는 유용한 노하우가 될 수 있습니다.

돈이 되는 일은 덩달아 즐겁다

돈으로 돈을 버는 방법을 아는 것은 중요합니다. 그렇다면 돈이 아닌 다른 것으로 돈 버는 방법까지 안다면 경제적 자유를 조금 더 빨리 앞당길 수 있지 않을까요? 글쓰기나 사진 찍기에 관심이 없는 분들에게는 콘텐츠를 만드는 게 꼭 내가 좋아하는 일이 아니어도 된다는 말씀을 드리고 싶습니다. 귀찮고 하기 싫었던 일도 돈이 되는 순간 매일매일 하고 싶은 재미있는 일로 바뀔 수 있으니까요. 저 역시 많은 사람 앞에서 강연을 하거나 새로운 사람과 만나기를 좋아하는 편이 아닙니다. 하지만 그것이 돈이 되다 보니 한편으로는 즐겁게 느껴지기도 합니다. 어떤 분은 저에게 의심이 가득한 눈초리로 이렇게 묻습니다.

"어째서 힘들게 얻은 자신만의 노하우를 많은 사람에게 글과 책으로 전하고 권하기까지 하세요? 선한 영향력을 베풀고자 하는 착한 마음인가요?"

이분이 진짜 하고 싶었던 말은 아마도 '너 혹시 사기꾼 아니냐?'였을 것입니다. 하지만 이 질문에 대한 저의 답은 너무나도 명확합니다. 그래서 의심을 품었던 사람조차 단박에 고개를 끄덕일 수밖에 없을 것입니다.

"돈이 되는 일이니까요."

애덤 스미스의 《국부론》에 등장하는 '이기심'에 관한 자본주의적 통찰이 이를 이해하는 데 도움이 됩니다.

"우리가 식사를 할 수 있는 것은 푸줏간, 술도가, 빵집 주인의 자비심이 아니라 자기 자신의 이익에 대한 그들의 관심 덕분이다. 우리는 그들의 인류애가 아니라 자기애에 호소하며, 그들에게 우리의 필요가 아니라 그들이 얻을 이익을 말해 줄 뿐이다."

저는 솔직히 선한 영향력에는 별 관심이 없습니다. 글을 쓰고 책을 짓는 일은 그야말로 돈이 되기 때문에 즐겁고, 독자들에게 읽히는 것이 재미있어서 합니다. 한마디로 제가 좋아하는 일이기 때문에 합니다. 그런데 저의 이기심으로 빚어진 일이 다른 사람에게 도움이 된다고 하니 그렇게 좋을 수가 없습니다.

빵을 만드는 사람은 빵 만드는 노하우를 돈으로 만들 수 있고, 치과 의사는 치아 관리 노하우를, 경찰관은 경찰 공무원이 되는 방법이나 경찰이라는 직업의 심층적인 경험담을 돈으로 만들 수 있습니다. 심지어 요즘은 아무 일도 하지 않는 백수가 자신의 일상을 잘 소개하기만 해도 돈이 되는 콘텐츠가 될 수 있습니다.

투자는 자본금이 필요하지만 자신만의 콘텐츠를 만드는 일은 노력과 열정만으로도 충분히 가능합니다. 내가 좋아하는 일, 다른 사람들에게 도움이 될 만한 일을 찾아보세요. 그것이 경제적 자유를 앞당기는 현금 흐름으로 이어질 것입니다. 돈으로 돈을 버는 일은 '돈'이 수익의 규모를 키웁니다. 하지만 글 같은 콘텐츠로 돈을 버는 일은 '꾸준함'이 수익의 규모를 키웁니다. 많은 성공한 블로거와 유튜버가 말하는 '콘텐츠로 돈 버는 비결' 중 하나가 '1일 1포스팅'입니다. 꾸준함이 성공 비결이라는 가설을 뒷받침해 주는 근거인 셈입니다.

'시작' 다음에 할 일은
'지속'입니다.

나의 가치를 널리 알리면 소득이 되어 돌아온다

"저는 그동안 항상 누구누구의 엄마, 누구누구의 남편으로만 살아왔습니다."

평생을 남편과 자녀를 뒷바라지하다가 뒤늦게 후회한 어느 주부의 하소연입니다. 그런데 뒤돌아보니 저 역시 이 주부와 다르지 않다는 것을 깨달았습니다. 저도 인생의 대부분을 '어디어디의 직원'으로만 살아왔습니다. 명함 속 회사 로고가 바뀔 때마다, 로고 위에 적힌 직함이 바뀔 때마다 그것이 곧 '나'라고 착각했습니다. 지금 생각해 보면 저는 그저 회사의 일부분이었고 '나'라는 존재는 안타깝게도 있어도 그만 없어도 그만인 존재였을 것입니다. 있어도 그만 없어도 그만이라는 말은 세상의 거의 모든 가치를 결정하는 '희소성'이 부족하다는 뜻입니다. 회사의 일부로 존재할 수는 있어도 독립적인 나의 존재 가치는 매우 낮다는 뜻입니다.

'회사가 잘되는 일이 곧 내가 잘되는 일'이라는 말이 있습니다. 그러나 회사가 잘된다고 해서 꼭 나까지 잘되리라는 보장은 없습니다. 저 역시 과거에는 당연히 회사가 잘돼야 나도 잘된다고 생각하다 보니 회사에만 집중하며 살았습니다. 결국 회사는 잘됐지만 저는 오히려 불행한 상황을 겪기도 했습니다. 다행히도 이 경험 덕분에 저는 '내가 잘되는 것'의 중요성을 깨달았습니다.

'경제적 자유를 찾아서' 퍼스널 브랜딩의 시작

사람들에게 나의 존재와 나의 생각을 전하는 일은 쉽지 않습니다. 지금까지는 나보다 회사나 조직이 더 중요한 분위기에 익숙했기 때문입니다. 하지만 이제는 나를 희소하게 만드는 일에 집중해야 합니다. 이것을 '퍼스널 브랜딩'이라고 말합니다.

스스로를 희소하게 만들지 못하면 나의 가치를 높게 평가받을 수 없습니다. 퍼스널 브랜딩의 사전적 의미는 '자신을 브랜드화하여 특정 분야에서 자신을 먼저 떠올릴 수 있도록 만드는 과정'이라고 합니다. 또한 '특정 분야에서 차별화되는 나만의 가치를 높여 인정받게끔 하는 과정'이라고도 합니다.

저는 '경제적 자유'라는 키워드에 관심이 많았습니다. 그래서 필명도 '경제적 자유를 찾아서'라고 정했습니다. 만약 '경제적 자유'라는 말을 들었을 때 사람들이 저를 가장 먼저 떠올린다면 퍼스널 브랜딩에 성공했다고 볼 수 있습니다. 그리고 저는 이 키워드에 부합하는 주제와 생각들을 글로 쓰기 시작했고, 글은 책이 되거나 인터뷰와 강연의 기회를 가져다주기도 했습니다. 내가 하는 일들이 오롯이 나를 위한 일들이다 보니 희소가치가 생기면서 보상도 커졌고, 이것을 모두 제가 취할 수 있었습니다. 퍼스널 브랜딩의 결과가 돈이 된 것입니다.

우리가 현금 흐름을 만들어야 하는 큰 이유는 은퇴 후를 대비하기 위해서입니다. 나이가 들수록 육체적인 노동으로 돈을 벌기는 어려우니까요. 그런데 지적 노동력 중에서 어떤 것은 나이가 들고 시간이 지날수록 생산성이 오히려 증가하는 것이 있습니다. 비록 혁신성이나 창의성은 감소할지 몰라도 오래된 경험과 노하우는 죽을 때까지 그 생산력을 유지할 수 있습니다.

하지만 이런 지적 노동력은 퍼스널 브랜딩을 통해서만 희소가치를 지닐 수 있습니다. 돈에 대한 얘기를 지인이나 친구에게 할 때는 듣기 싫은 잔소리 취급을 받지만 똑같은 얘기를 글이나 인터뷰로 전하거나 유료 강연에서 하면 금과옥조와 같은 노하우가 된다는 것은 제가 직접 경험하고 깨달은 사실입니다. 똑같은 조언이라도 그것을 절실하게 원하는 사람들에게는 피가 되고 살이 되는 약이지만 관심 없는 사람들에게는 쓸데없는 잔소리일 수 있습니다.

나를 드러낼수록 나의 가치도 높아진다

그런데 대중에게 알려지지 않으면 조언이 필요한 사람들과 연결되는 것 자체가 불가능합니다. 한번은 부동산 분양 일을 새롭게 시작한 친구에게 블로그와 유튜브를 시작하라고 조언한 적이 있습니다. 부동산 분양은 홍보로 고객을 유치하는 것이 매우 중요하다는 얘기를 듣고 효율적인 방안을 제시해 준 것입니다. 하지만 그 친구는 자신이 대중에게 알려지는 일이 두렵다며 망설였습니다.

퍼스널 브랜딩은 어쩔 수 없이 나를 드러내야 하는 일입니다. 그런데 나를 드러내는 일은 어렵고 힘듭니다. 그럼에도 그 일은 나의 가치를 높여 줄 것입니다.

"아무도 나를 모르고 돈이 많았으면 좋겠어요."

한 연예인이 한 우스갯소리입니다. 저 역시 아무도 나를 모르고 돈이 많았으면 좋겠지만 돈이 많으려면 보다 많은 사람이 나를 알아야 한다는 것을 잘 알고 있습니다. 그래서 이런 딜레마를 '기적의 3단 논리'로 정리해 봤습니다.

1. 사람들이 나를 많이 알게 되면 불편해질 것이다. 하지만 돈은 더 많아질 것이다.
2. 반대로 사람들이 나를 모르면 편해질 것이다. 하지만 돈이 더 많아지는 것은 포기해야 한다.
3. 그런데 결정적으로 돈이 많으면 편해진다.

1, 2번을 종합하면 불편함을 감수해서 돈을 얻을지, 돈을 포기하고 편함을 얻을지를 선택해야 합니다. 그렇지만 3번까지 종합해 보면 불편함을 감수한 뒤 돈을 얻을 때 다시 편해질 수 있다는 것을 알 수 있습니다.

알려지기는 어렵지만
잊히기는 쉽습니다.

블로그로 월 100만 원, 돈 버는 우물 만들기

경제적 자유를 앞당기기 위해서는 자본뿐만 아니라 노동도 투자해야 합니다. 나에게 필요한 현금 흐름을 100% 자본 소득으로만 만들어 내는 것보다는 '노동 소득'을 더해야 훨씬 효율적이기 때문입니다. 여기서 말하는 '노동 소득'은 직장을 다니거나 자영업을 통해 버는 돈과 차이가 있습니다. 가장 중요한 것은 이 노동이 '시간의 자유를 보장하는가?'입니다. 거기에 '즐겁게 일할 수 있는가?'까지 따져 봐야 합니다.

저에게 글쓰기는 이 두 가지 요소를 충족하는 '경제적 자유를 위한 노동'입니다. 경제적 자유를 얻기 위해 세운 월 현금 흐름의 목표가 300만 원일 때, 노동 투자로 100만 원을 만들어 낼 수 있다면 나머지 200만 원은 주식 투자 배당금과 달러 투자의 수익으로 만들어 내면 됩니다. 막연해 보였던 경제적 자유와 점점 더 가까워지는 것입니다.

저는 고등학교 3학년 때 총 20문항으로 이뤄진 객관식 수학 시험에서 0점을 받은 적이 있습니다. 그리고 같은 시기에 논술 모의고사에서는 전국 1등을 기록하기도 했습니다. 실제로 월 100만 원 이상의 현금 흐름을 만들어 내고 있는 블로그를 직접 운영하고 있는 입장에서 글쓰기와 블로그 운영 노하우를 정리해 봤습니다.

1. 글쓰기 비법: 많이 읽고 많이 쓴다.
2. 블로그 운영 노하우: 많이 읽고 많이 쓴다.

굉장히 간단해 보이지만 이것이 제가 아는 가장 효과적인 방법입니다. 제가 지금까지 경험해 본 바로는 글쓰기만큼 경험이 중요한 일도 없는 것 같습니다. 그리고 블로그를 잘 운영하고 싶다면 글쓰기에 집중하는 것만큼 효과적인 방법은 없습니다.

2018년 12월, 경제적 자유를 찾는 여정을 담은 책 《아빠의 첫 돈 공부》의 출간 계약을 하게 되면서 출판사로부터 한 가지 제안을 받았습니다. 블로그를 만들어서 독자들과 소통하는 창구로 활용하면 어떻겠냐는 제안이었습니다. 출판사의 입장에서는 출간 후 홍보 마케팅에 도움이 될 것이라 생각해 제안했을지도 모르겠습니다. 어쨌든 제안을 받았으니 시도해 보는 것이 도리일 듯해 저는 블로그에 무작정 글을 올리기 시작했습니다.

처음엔 읽는 사람도 없고 돈 되는 일도 아닌지라 귀찮기만 했습니다. 그런데 시간이 조금 지나자 마치 일기장처럼 내 생각과 일상을 기록하는 저장소가 돼 버렸습니다. 게다가 과거의 특정 시기에 내가 뭘 했었는지 궁금할 때면 마치 일기장을 꺼내 보듯이 블로그에 검색하게 됐습니다.

'이 책은 언제 계약했더라?'
'김포 아파트는 언제 산 거지?'
'다낭 가족 여행이 언제였더라?'
'작년에 고추는 얼마나 심었지?'
'매실은 언제 따는 거지?'

이런 식으로 키워드를 검색하면 오래전의 일도 쉽게 떠올릴 수 있습니다. 그런데 제 블로그의 가치가 올라간 결정적인 계기는 바로 투자 기록 때문입니다. 저는 제가 내렸던 투자 결정들과 당시의 생각들을 블로그에 고스란히 기록했습니다. 그리고 이 기록들이 누군가에게 큰 도움을 주고 있었습니다. 저의 투자 기록은 독자 여러분에게도 도움이 되지만 가장 큰 수혜자는 저 자신이었습니다. 인간은 망각의 동물이기에 자기 자신도 모르는 실수를 반복할 때가 많습니다. 그런데 투자 활동을 기록해서 복기를 하면 이런 실수를 최소화할 수 있습니다. 그래서 투자 실력을 늘리는 데 아주 큰 도움이 됩니다.

제가 블로그로 월 100만 원을 벌 수 있다고 얘기하면 대부분의 사람들은 '구독자가 그만큼 많으니 가능한 것 아니냐'고 생각할 것입니다. 하지만 실상은 이렇습니다.

1. 블로그를 시작했다.
2. 읽는 사람이 없어도 계속 썼다.
3. 그래서 독자가 많아졌다.
4. 애드포스트 광고 수익도 커졌다.
5. 출간 계약을 하고 인세를 받았다.
6. 블로그로 월 100만 원의 현금 흐름이 만들어졌다.

블로그는 경제적 자유를 찾는 데 여러모로 추천할 만한 좋은 플랫폼입니다. 지금 제 블로그는 월 100만 원의 현금 흐름을 만들어 줍니다. 하지만 처음부터 그랬던 것은 아닙니다. 꾸준히 하다 보니 하루 소득이 1원에서 2만 7,000원으로 무려 2만 7,000배 성장했습니다. 중요한 것은 돈을 벌기 위해 시작한 일이 아니라 저의 투자를 기록하고 독자 여러분과 소통하기 위해 시작한 일로 돈까지 벌었다는 것입니다. 한마디로 내가 하고 싶은 일을 했을 뿐인데 튼튼한 현금 흐름이 만들어졌습니다.

지금은 현금 흐름을 넘어 재미까지 있습니다. 경제적 자유를 찾으러 가는 분들의 안내자가 돼 보람을 느낄 때도 있고, 제가 쓴 글에 달린 댓글과 공감하는 반응을 보면 감동을 받기도 합니다.

블로그,
지금 시작하세요.

맺는 글

평생 돈이 마르지 않는 우물을 갖고 싶다면

어린 시절에는 학교에서 포도알 스티커를 많이 모으는 것이 저의 가장 큰 목표였습니다. 받아쓰기를 잘했거나 선생님의 질문에 답을 하면 반짝이는 포도알 스티커를 하나씩 받을 수 있었습니다. 포도알 스티커를 더 많이 모으기 위해서 선생님께 칭찬을 받기 위한 모든 노력을 아끼지 않았습니다. 운이 좋아 2개 이상을 받은 날은 어찌나 뿌듯했는지 모릅니다. 혹시라도 스티커를 잃어버릴까 봐 필통에 고이 넣어서 집까지 들고 가 스티커 판을 하나씩 채워 갔던 기억이 아직도 생생합니다.

하지만 안타깝게도 매번 포도송이를 모두 채우기 전에 학기는 끝나 버렸고 새 학기가 시작되면 새 선생님으로부터 새 포도송이 스티커 판을 받아야 했습니다. 처음에는 지난번에 열심히 하지 않아서 포도송이를 모두 채우지 못했다고 생각했습니다. 그리고 그저 막연하게 '좋은 보상'이 있을 것이라고 생각하며 다음 학기에도 스티커를 열심히 모았습니다. 하지만 결과는 늘 비슷했습니다. 아무리 노력해도 쉬이 늘어나지 않는 통장의 잔고처럼 포도알 스티커는 꽉 채워지지 않았습니다.

고학년이 되면서 포도알 스티커에 대한 관심은 점점 시들해졌습니다. 심지어 어쩌다 받은 포도알 스티커도 마치 구겨진 껌종이처럼 책가방 구석에 처박아 두는 일이 생기기 시작했습니다.

'어차피 다 채울 수도 없을 텐데….'

이런 생각을 하게 된 것입니다. 포도송이를 더 이상 채울 필요가 없어지자 선생님에게 칭찬을 받기 위한 노력도 더 이상 하지 않았습니다. 그렇게 노력은 중단되고 말았습니다.

집을 사면 등기 권리증이라는 게 생깁니다. 등기 권리증 위의 '보안 스티커'를 보는 순간, 어린 시절에 모았던 포도알 스티커와 많이 닮았다는 생각이 들었습니다. 피땀 어린 노동으로 모은 돈을 '자산'이라는 결실로 만들어 냈기 때문입니다.

포도알 스티커를 모으는 이유는 포도송이를 모두 채우기 위한 것이 아닙니다. 포도송이를 다 채우지 못하더라도 그 노력의 과정으로 얻은 것들은 오롯이 내 것이 됩니다. 투자도 마찬가지입니다. 아무리 좋은 책을 읽고 공부해도 당장 자산이 드라마틱하게 커지지 않는다며 실망할 필요가 없습니다. 만약 실망한 나머지 포도알 모으기를 중단한 것처럼 투자를 멈춰 버리면 어떻게 될까요? 당신이 지금까지 쌓은 노력은 아무것도 아닌 것이 돼 버립니다. 좋은 투자 기회는 미리 예고를 하고 찾아오지 않습니다. 아주 갑자기 자신도 모르는 사이에 왔다가 사라집니다. 꾸준한 공부와 연구와 노력만이 그 기회를 잡을 수 있는 유일한 방법입니다.

평생 물이 마르지 않는 우물은 존재하기 어렵습니다. 하지만 적당하게 물이 나오는 우물이 여러 개 있다면 평생토록 물 걱정 없이 살 수가 있습니다. 돈 버는 우물 또한 마찬가지입니다. 이제 평생직장이라는 개념은 사라지고 있으며 주식 투자도 상승기가 있으면 하락기도 있습니다. 평생 돈이 마르지 않는 우물이 절대적으로 존재하기는 어렵겠지만, 하나가 아닌 여러 개라면 평생토록 돈 걱정 없이 살 수 있다는 얘기입니다.

투자에서 운은 아주 중요한 요소입니다. 그런데 운이 반복되면 실력이 됩니다. 또한 실수가 반복되면 습관이 됩니다. 작은 성공이라도 반복해서 경험해야 하는 이유입니다. 이렇게 해서 얻은 수익은 복리의 원천이 되고 더 큰 성공을 위한 실력이 됩니다. "천 리 길도 한 걸음부터"라는 말이 식상하기 짝이 없어도, 실행에 옮기면 그 길 끝에 풍요로움이 당신을 기다리고 있을 것입니다. 고기도 먹어 본 놈이 잘 먹고, 돈도 벌어 본 놈이 잘 법니다. 바로 지금이 도전하기에 가장 빠른 때입니다. 두려워 마시기 바랍니다.

성공 투자의 시작은 '그냥 시작'에서 출발합니다.

부자 아빠가 365일 수익을 실현하는 비결

평생 현금이 마르지 않는 투자법

1판 1쇄 2022년 6월 2일
1판 5쇄 2023년 7월 7일

지은이 박성현
펴낸이 유경민 노종한
기획편집 유노북스 이현정 함초원 조혜진 **유노라이프** 박지혜 구혜진 **유노책주** 김세민 이지윤
기획마케팅 1팀 우현권 이상운 **2팀** 정세림 유현재 정혜윤 김승혜
디자인 남다희 홍진기
기획관리 차은영
펴낸곳 유노콘텐츠그룹 주식회사
법인등록번호 110111-8138128
주소 서울시 마포구 월드컵로20길 5, 4층
전화 02-323-7763 **팩스** 02-323-7764 **이메일** info@uknowbooks.com

ISBN 979-11-92300-13-9 (03320)

- — 책값은 책 뒤표지에 있습니다.
- — 잘못된 책은 구입한 곳에서 환불 또는 교환하실 수 있습니다.
- — 유노북스, 유노라이프, 유노책주는 유노콘텐츠그룹 주식회사의 출판 브랜드입니다.